Martina Caspary,
Gerhard Gieschen

Erfolgreich als selbstständiger Trainer

Marketing und Kundengewinnung
Wirtschaftlichkeit, Work-Life-Balance

Cornelsen

Verlagsredaktion:
Sylvia Kall, Ralf Boden
Layout und technische Umsetzung:
Verena Hinze, Essen
Umschlaggestaltung:
Claudia Adam, Darmstadt
Titelfoto:
© iStockphoto.com, Daniel Lafor

Informationen über Cornelsen Fachbücher und Zusatzangebote:
www.cornelsen.de/berufskompetenz

1. Auflage
© 2012 Cornelsen Verlag, Berlin

Das Werk und seine Teile sind urheberrechtlich geschützt.
Jede Nutzung in anderen als den gesetzlich zugelassenen Fällen
bedarf der vorherigen schriftlichen Einwilligung des Verlages.
Hinweis zu den §§ 46, 52 a UrhG: Weder das Werk noch seine Teile
dürfen ohne eine solche Einwilligung eingescannt und in ein
Netzwerk eingestellt oder sonst öffentlich zugänglich gemacht
werden. Dies gilt auch für Intranets von Schulen und sonstigen
Bildungseinrichtungen.

Druck:
H. Heenemann, Berlin

ISBN 978-3-589-24101-9

 Inhalt gedruckt auf säurefreiem Papier aus nachhaltiger Forstwirtschaft.

Die Autoren

Martina Caspary
Dipl.-Betriebswirtin
Geschäftsführende Gesellschafterin der Akademie für
Geschäftserfolg, Tübingen
Trainer-Ausbilderin, Verkaufs- und Führungskräfte-
Trainerin, Coach

Martina Caspary leitet die Trainer-Ausbildung der Aka-
demie für Geschäftserfolg. Sie entwickelte mit den On-
Stage-Formaten spezielle Trainings zur Qualitäts- und
Ergebnissteigerung von Führungskräften und Teams.
Entwicklerin der LichtMit-Coaching-Methode und des
Service-Sellings, der Verkaufsmethode für Nicht-Ver-
käufer.

→ www.Akademie-fuer-Geschaeftserfolg.de

Gerhard Gieschen
Dipl.-Betriebswirt (BA)
Betriebsberater & Unternehmer-Coach, Sachbuch-Au-
tor, Trainer, Redner, Coach-Ausbilder

Nach dem Studium der Betriebswirtschaft und seinen
ersten Berufsjahren bei der IBM startete er schon 1983
erfolgreich in die Selbständigkeit. Mit seiner Betriebsbe-
ratung Denken & Handeln berät, coacht und trainiert
Gerhard Gieschen insbesondere Trainer, Coachs, Selbstständige und Freiberufler. Als Coach-Ausbilder für die
Internationale Akademie an der Freien Universität Berlin entwickelte er u.a. ein Unternehmer-Coaching-For-
mat, mit dem nachweislich deutliche Umsatz- und Gewinnsteigerungen über eine Beratung sozusagen in
„homöopathischer" Dosierung möglich sind.

→ www.Denken-Handeln.de

Inhalt

1 Einleitung: Trainer werden ist nicht schwer

Jeder kann Trainer werden. Sich selbst verwirklichen. Den Weg des Meisters ein-schlagen und sein Wissen, seine Erfahrungen weitergeben. Und dabei für einen Tag Training vielleicht 1.800 Euro oder mehr auf der angeblich nach oben offenen Trai-ner-Honorar-Skala verdienen. Dazu braucht es nicht viel, glaubt der Laie: Eine Visi-tenkarte, einen Briefkopf, ein Handy, ein Notebook, eine Idee oder ein Trainings-konzept. Vielleicht dazu noch eine Internetpräsenz und, wenn es hoch kommt, noch einen Moderatoren-Koffer. Doch die Wirklichkeit sieht natürlich ganz anders aus.

Ein paar Aussagen von Trainern, die zu uns ins Coaching kamen:

Statements und Selbsteinschätzungen von Trainern

- *„Ich bin Trainer. Ich bin wirklich gut. Habe mehrere Ausbildungen und auch Talent. Trainings machen mich glücklich. Da strahlt mein Trainerherz. Aber ich würde das gerne viel, viel öfter erleben. Ich hätte auch die Zeit dazu, doch es gibt ein Problem: Keiner weiß, wie gut ich bin. Und niemand ruft mich an!"*
- *„Ich bin gerne Trainer. Vorne zu stehen und die Situation unter Kontrolle zu haben – egal, was passiert, das ist einfach toll! Und die Leute, mit denen ich zusammenkomme. Anfangs dachte ich, da wird mir nie langweilig werden, auch wenn ich das gleiche Training wieder und wieder gebe, denn jedes Mal kommen andere Menschen, andere Fragen, andere Situationen. Doch inzwi-schen kann ich meinen Stoff im Schlaf und spreche schon den gleichen Firmen-jargon wie meine Teilnehmer. Natürlich habe ich probiert, andere Trainings aufzusetzen und weitere Kunden zu gewinnen. Aber irgendwie scheint es wie verhext. Immer, wenn ich in die Situation komme, ein Angebot zu machen, geht irgendwas schief. Und alles bleibt, wie es war."*
- *„Ja, ich bin Trainer. Und das nun schon seit fünf Jahren. Anfangs war ich voller Euphorie: Jeden Tag zwischen 800 und 1.800 Euro kassieren, quer durch Deutschland reisen, immer unterwegs, immer woanders, immer spannende Projekte. Sechs bis zehn Tage im Monat arbeiten und viel Zeit, um mich weiterzuentwickeln. Doch die Wahrheit sieht anders aus: Ich renne von Pontius zu Pilatus, habe schon probiert, Briefe zu verschicken und Anzeigen zu schalten. Meine Internetseite habe ich dreimal neu machen lassen. Und dennoch, es reicht kaum zum Überleben. Hier mal ein Projekt und da mal ein paar Trai-ningstage. Wenn meine Frau nicht so gut verdienen würde, kämen wir nicht über die Runden. Irgendwas läuft da falsch."*
- *„Als erfolgreicher Trainer verdiene ich richtig viel Geld. Mit Tagessätzen von 800 bis 1.200 Euro bin ich ganz gut dabei, finde ich. Denn ich habe mir einen Namen geschaffen in meiner Nische. Dementsprechend bin ich sehr gut*

---

ausgelastet. Erst waren es nur die Automobil-Konzerne, die mich buchten. Nun sind es die Zulieferer. Die Flut steigt, ich weiß kaum noch, wie ich sie bewältigen soll. Aber meine Familie jammert, dass ich kaum noch zuhause bin. Ich spüre, wie wir uns voneinander entfernen. Wie ich erschöpft von meinen Kunden am Samstag heimkomme und mit niemandem mehr reden möchte. Und am Sonntagnachmittag erschöpft von der Familie schon wieder meinen Koffer packe und mich ins Auto setze. Ich würde so gerne mal wieder schlafen."

- *„Eigentlich wurde ich Trainer, um ‚mein' Ding zu machen. Selbstfindungs- und Visions-Workshops nach einer Methode, die ich in den Staaten kennen gelernt und selbst verfeinert hatte. Unglaublich wirkungsvoll, ein absoluter Hammer. Das muss man erlebt haben. Doch die Vermarktung meiner Kurse gestaltete sich viel, viel schwieriger, als ich es gedacht hatte. Und heute trainiere ich fünf Tage. Für die Agentur für Arbeit, die Volkshochschulen, die Industrie- und Handelskammern und viele andere Non-Profit-Organisationen. Im Schnitt für 18 Euro pro Stunde – natürlich inklusive Vor- und Nachbereitung. Da muss es die Menge bringen, damit ich überhaupt über die Runden komme. Und es darf kein Auftraggeber ausfallen, sonst muss ich wieder jemanden finden, den ich anpumpen kann."*

- *„Ich bin 36 Jahre alt und erfolgreicher Trainer, Berater und Coach. Ich liebe die Freiheit, die mir meine Selbstständigkeit gibt. Ich liebe die Anerkennung, die ich von meinen Kunden und Coachees erhalte. Aber mein Körper liebt mich nicht mehr. Er geht da nicht mehr mit. Mein Rücken tut weh, meine Schultern schmerzen, Migräne ist für mich nicht nur ein Wort, sondern mein ständiger Begleiter. Ich denke, ich stehe vor einem Burn-out. Mein Arzt denkt, ich wäre mittendrin. Aber alles ruht doch auf meinen Schultern. Ich bin es, der die Aufträge an Land zieht. Ich bin es, der die Preise verhandelt. Ich bin es, der die Leistung erbringt. Und ich bin es, der die Rechnungen schreibt. Natürlich bin ich es auch, der das Geld ausgibt. Zugegeben, das macht mir Spaß. Aber zu einem richtigen Reservepolster hat es nie gereicht. Wie gesagt: Alles ruht auf meinen Schultern. Und wenn ich mein Geschäft nicht vorantreibe, bricht alles zusammen."*

Trainer zu werden, ist nicht schwer. Es gibt kein verbindliches Berufsbild, keine staatlichen Beschränkungen und man braucht auch nicht viel Geld, um sich als Trainer selbstständig zu machen. Rund die Hälfte aller Trainer besitzt keine spezielle Trainer-Ausbildung. Das wäre ja nicht schlimm, vorausgesetzt, ihre Lebenserfahrung und ihre Qualifikation reichen aus, um die Bedürfnisse ihrer Kunden zu erfüllen.

Was aber wirklich schlimm ist: **Kaum eine Trainer-Ausbildung bereitet einen Trainer auf die Selbstständigkeit vor.** Und das, obwohl zwei von drei Trainern in Deutschland selbstständig sind (Quelle: Nadine Hamburger, Was Deutschlands Trainer bewegt).

Jedem Trainer ist klar, dass ein guter Selbstständiger nicht automatisch **auch** ein guter Trainer ist. Aber diese Wahrheit gilt auch in ihrer Umkehrung:

Ein guter Trainer muss noch lange kein guter Unternehmer sein.

Zugegeben, ein gutes Trainingskonzept, passende Inhalte und eine exzellente Trainingsleistung sind eine ausgezeichnete Grundlage. Aber gute Leistung zu erbringen, reicht am heutigen Weiterbildungsmarkt bei Weitem nicht aus.

Wer als Trainer erfolgreich selbstständig sein möchte, muss vier Rollen ausfüllen:

- **Die Rolle des Trainers:** Das ist die Rolle, die jeder Trainer gerne ausfüllt. Die eigentliche Leistungserbringung. Die Vorbereitung eines Trainings, der Aufbau der Dramaturgie und dann das eigentliche Training, der Kontakt mit den Teilnehmern, die positiven Rückmeldungen. Doch seine Rolle als Trainer ganz auszufüllen, reicht für Selbstständige nicht aus. Es kommen noch drei weitere Rollen hinzu:
- **Die Rolle des Unternehmers:** In Ihrer Unternehmer-Rolle entwickeln Sie Ihre persönlichen, geschäftlichen und finanziellen Visionen, legen Geschäftsfelder fest, setzen sich Ziele und entwickeln Strategien, um Ihre Ziele möglichst einfach und effektiv zu erreichen.
- **Die Rolle des Managers:** Als Manager in eigener Sache sorgen Sie für eine reibungslose Ausführung Ihrer eigenen Strategien und stellen sicher, dass die Umsetzung der Strategien nicht im Tagesgeschäft der Trainings untergeht. Dazu gehört auch, sich um die Finanzen zu kümmern, für Sie attraktive Preise und Honorare zu gestalten und möglichst erfolgreich zu verhandeln.
- **Die Rolle des Coachs:** In Ihrer Rolle als Coach achten Sie darauf, auch unter Druck nach Ihren Werten zu leben. Sie sorgen für einen besonders schonenden Umgang mit Ihrer wichtigsten Ressource: Mit sich selbst. Denn solange Sie kein System geschaffen haben, mit dem Sie ohne eigenes Dazutun Geld verdienen, sind Sie die tragende Säule Ihres Erfolgs. Ohne Sie wäre in Ihrem Unternehmen nichts los! Und das heißt, dem Sog der lockenden Auftragssirenen oder dem Perfektionsdrang zu widerstehen. Das heißt, auch mal Auszeiten zu nehmen: Für Ihre Familie, für sich, für Ihre Zukunft und einfach auch, um zu leben! Denn das Leben klopft mit seiner Nachricht an, immer und immer wieder und immer lauter, und wenn wir es nicht hören (wollen), dann wird es so heftig anklopfen, dass es wehtut.

Nur wer bereit ist, über seine eigentliche Rolle als Trainer hinaus die Herausforderungen des Unternehmers, des Managers und des Coachs anzunehmen und auszufüllen, ist auf dem Weg zu einer erfolgreichen Selbstständigkeit als Trainer. Erfolgreich selbstständig als Trainer, das bedeutet mehr als nur Geld, Sicherheit und Auslastung. Wirklich erfolgreiche Selbstständigkeit, das bedeutet: Freiheit, Erfolg, Glück, Verdienst, Selbstverwirklichung, Leidenschaft und genau den Grad an Work-Life-Balance, den Sie persönlich anstreben.

Und das wünschen wir Ihnen

Martina Caspary & Gerhard Gieschen

Wie ich als Trainer erfolgreich wurde

Ich lernte,   meine Selbstständigkeit zu schätzen
und meine Rollen als Unternehmer und Manager anzunehmen.

Ich lernte,   mich selbst zu lieben,
herauszufinden, was ich wirklich will,
und es zu tun.

Ich lernte,   Geld zu lieben, anzuziehen und zu vermehren.

Ich lernte,   das Außen zu schätzen:
meine Kunden,
meine Teilnehmer,
meinen werblichen Auftritt,
die Öffentlichkeit.
Und ich lernte, meine Trainings gerne zu verkaufen.

Ich lernte,   mich zu managen
und mit mir,
meiner Familie
und meinen Freunden in Balance zu leben.

Ich lernte,   bei Veränderungen immer wieder
den Kurs anzupassen,
damit diese Balance auch so bleibt.

2 Der Wahrheit ins Gesicht sehen

Als Trainer selbstständig zu sein, heißt nicht nur, viel zu reisen. Nein, auch die Selbstständigkeit als solche ist wie eine ewige Reise ins Unbekannte. Denn jedes neue Geschäftsfeld, jedes neue Seminar, jeder neue Kunde, jede Preisverhandlung und jedes Training zwingen auch alte Hasen immer wieder, Neuland zu betreten. Selbst wenn wir uns nicht ändern wollen, eines steht fest: Der Weiterbildungsmarkt verändert sich jeden Tag – und irgendwann kommt eine dieser Veränderungen bei uns an und dann gilt es, vorbereitet zu sein oder sich so schnell es geht anzupassen.

Doch auch wenn es eine Reise ins Unbekannte ist und sich immer wieder neue Abzweigungen auftun, neue Wiesen und Felder, neue Menschen, neue Chancen und neue Bedrohungen, dann heißt das nicht, dass wir uns unserem Schicksal ergeben müssen. Im Gegenteil, gerade auf Reisen ist es wichtig, immer genau zu wissen, wo man steht. Wer durch die Wüste fährt, sollte wissen, wie groß sein Wasservorrat ist. Wem sich die Gelegenheit zu einem Schnäppchen auftut, sollte wissen, wie viel er ausgeben darf. Und wer mit einem neuen Kunden über den Preis für sein Training verhandelt, sollte nicht nur seinen Marktwert kennen, sondern auch seine Auslastung und sein Zieleinkommen.

Standortbestimmung

Deshalb ist es wichtig, dass Sie regelmäßig Ihren Standort bestimmen. Unternehmer prüfen regelmäßig, wo sie stehen. Sie gleichen ihren tatsächlichen mit dem geplanten Kurs ab und können so frühzeitig korrigierend eingreifen. Und je früher man korrigierend eingreift, desto einfacher ist es. Und desto weniger Zeit und Geld kostet die Korrektur. Das ist wie beim Hausbau: Auf dem Bauplan kann man noch schnell einen Balkon streichen oder eine Mauer versetzen. Wenn der Rohbau steht, ist das mit der Mauer so eine Sache. Und wenn der Innenausbau begonnen hat, wird es richtig teuer. **Fragen Sie deshalb: „Wo stehe ich?"**

Bei den Antworten gilt es einerseits, der Wahrheit offen ins Gesicht zu sehen. Denn nur, wer seine aktuelle Position und das Ziel seiner Reise kennt, kann seine Reise sinnvoll planen. Er spart sich so manchen Umweg, Mühe, Zeit und viel Geld. Und er kann einen Weg finden, der zu ihm passt. Und andererseits gilt es, wirklich auch das zu sehen, was funktioniert. Denn wer sich nur auf das Negative, Unerreichte konzentriert, verliert an Kraft und an Motivation. Und übersieht dabei, wie viel er schon erreicht hat. Wenn Sie also im Folgenden notieren, wo Sie stehen, dann achten Sie darauf, sich auch für Erreichtes anzuerkennen. **Gehen Sie wohlwollend und achtsam mit sich um.** Denn die wichtigste Ressource, der wichtigste Mitarbeiter in Ihrem Unternehmen sind Sie selbst.

Wirklich erfolgreich selbstständig zu sein, heißt nicht nur, Geld zu verdienen und Trainings zu geben. Sondern Leidenschaften zu erkennen, Chancen zu sehen und zu nutzen und sein Leben so zu gestalten, wie man es möchte. Also beispielsweise Trainings zu geben, die man liebt. Vor Teilnehmern, die man schätzt. An Orten, die zu einem passen. Dafür so bezahlt zu werden, wie man es möchte. Und dabei Termine und Dauer der Trainings so abstimmen zu können, dass auch persönliche Auszeiten, Familie, Hobbys und Freunde ihren Raum finden.

Um das zu erreichen, muss ich zuerst genau bestimmen, wo ich stehe. Dabei gilt es, beides festzuhalten: Das, was noch nicht so funktioniert, wie ich es mir vorstelle, und vor allem auch das, was ich schon erreicht habe. Das ist besonders wichtig. Denn als Trainer bin ich es gewohnt, meine Trainings ständig verbessern zu wollen. Nach Feedback zu fragen. Zu optimieren. Meine Ziele höherzustecken. Aber wenn ich meinen Blick immer nur darauf lege, was nicht funktioniert, sammle ich Frustrationen und negative Energien. Die Mundwinkel ziehen sich mehr und mehr nach unten. Und im Marathon der Selbstständigkeit fehlen mir dann irgendwann die Kraft und die Freude, um begeistert weiterzulaufen.

Nutzen Sie die nachfolgende Tabelle nun, um festzustellen, wo Sie jetzt im Moment gerade stehen. Im Anschluss können Sie das Buch am Stück durcharbeiten oder gezielt in die Kapitel einsteigen, die Sie im Moment besonders interessieren.

Nehmen Sie eine Standortbestimmung vor		
	ja	nein
1. Vision und Ziele		
Haben Sie eine klare Vorstellung davon, wie Ihr Trainingsgeschäft in fünf Jahren aussieht?		
Haben Sie ein Bild davon, wo Sie persönlich in fünf Jahren stehen?		
Haben Sie einen Plan, wie Sie Ihre Visionen umsetzen?		
Haben Sie für die nächsten zwölf Monate konkret messbare Ziele?		
2. Umsatz und Gewinn		
Ist Ihr Umsatz in den letzten zwölf Monaten gewachsen?		
Ist Ihr Gewinn in den letzten drei Jahren regelmäßig gestiegen?		
Wie zufrieden sind Sie mit Ihrem Gewinn?		
Wie zufrieden sind Sie mit Ihrer Auslastung?		
Können Sie ausreichend Rücklagen bilden:		
• Steuern		
• Anstehende Anschaffungen		

• Schwierige Zeiten		
• Für den Ruhestand		
Verdienen Sie mindestens das Zweifache vom Bruttoeinkommen eines angestellten Trainers?		
3. Preise und Honorare		
Bekommen Sie so viel, wie Ihre Leistung wirklich wert ist?		
Empfinden Ihre Kunden Ihre Preise als angemessen?		
Achten Sie darauf, dass Ihr Marktauftritt und Ihre Honorare zusammenpassen?		
Nutzen Sie bewusst Möglichkeiten, um höhere Honorare durchzusetzen?		
Bieten Sie unterschiedliche Preise z.B. für spezielle Kundengruppen, Termine oder Trainingsarten?		
Erhöhen Sie Jahr für Jahr Ihre Preise?		
4. Kundengewinnung		
Gewinnen Sie Jahr für Jahr mehr Neukunden als im Vorjahr?		
Haben Sie einen systematischen Prozess zur Kundengewinnung?		
Nutzen Sie alle Potenziale Ihrer Bestandskunden?		
Haken Sie nach, wenn Sie ein Angebot gemacht haben?		
Sind Sie ausgelastet?		
Sind Sie mit der Anzahl Ihrer Kunden zufrieden?		
5. Work-Life-Balance		
Suchen Sie gezielt Kunden, die zu Ihnen passen?		
Sind Ihre persönlichen Interessen und Leidenschaften, Ihre Familie und Freunde sowie Ihr Geschäft miteinander im Einklang?		
Wenn Sie die letzten drei Monate anschauen: Wie zufrieden sind Sie mit Ihrem Leben?		
Trainieren Sie das, was Sie wirklich trainieren möchten?		
Leben Sie, was Sie trainieren?		

3 Der persönliche Erfolg als Trainer

3.1 Vision: Meine persönliche Trainer-Collage

„KÖNNTEST DU MIR SAGEN, WO ICH JETZT HINGEHEN SOLL?", FRAGTE ALICE. „DAS HÄNGT GANZ DAVON AB, WO DU HINWILLST", SAGTE DIE KATZE. „EIGENTLICH IST ES MIR EGAL", SAGTE ALICE. „DANN IST ES AUCH EGAL, WO DU HINGEHST", SAGTE DIE KATZE.

Lewis Carroll, „Alice im Wunderland"

Wirklich erfolgreiche Selbstständige nehmen gedanklich die Zukunft ihrer Firma vorweg. Sie malen ein Bild der reibungslos funktionierenden, erfolgreichen Firma und entwickeln eine **Umsetzungsstrategie**. Anschließend sorgen sie als Manager in eigener Sache für eine reibungslose Ausführung und erst, wenn diese **Führungsaufgaben** erledigt sind, gehen sie an die eigentliche Arbeit.

Doch das ist nicht alles. Gerade bei Trainern steht wie bei den meisten Freiberuflern der Inhaber im Mittelpunkt des Unternehmens. Wenn Sie als Trainer begeistert sind von Ihrem Leben, Ihrem Trainingsgeschäft, Ihren Kunden, Ihren Trainings, Ihrer Familie und Ihren Freunden, dann fließt der Erfolg fast automatisch. Eine solche Position erreichen Sie allerdings nur, wenn Sie Ihre Leidenschaften und Ihre Träume kennen. Wenn Ihnen klar ist, wohin Sie wollen – und wohin nicht.

Ein weiterer Vorteil von **klaren Visionen** ist, dass sich diese in Ihrem Unterbewusstsein verankern. Von dort aus steuern und beeinflussen diese Visionen automatisch Ihr Verhalten. Blitzschnell entscheidet Ihr Unterbewusstsein beispielsweise, ob ein neuer Kontakt in Ihre Vision passt. Noch bevor Sie bewusst darüber nachdenken, geht ein Lächeln über Ihr Gesicht. So schnell und so unbewusst, dass Ihr Gegenüber Sie als authentisch empfindet. Damit haben Sie eine gute Chance, der Umsetzung Ihrer Vision wieder einen Schritt näherzukommen.

Mit einer klaren Vision bereiten Sie also den Boden für Ihre persönliche Zukunft.

Denn Ihre Vision richtet Ihr persönliches und geschäftliches Verhalten auf Ihr Ziel aus, weist Ihnen wie eine Kompassnadel den richtigen Weg. Eine gute Vision setzt dazu noch ungeahnte Energien frei, denn wenn man etwas wirklich will, sind Körper und Geist zu unglaublichen Leistungen fähig.

Doch wie kommt man zu einer guten Vision? Man beginnt damit, herauszufinden, was man wirklich möchte. Es gibt viele Wege dazu. Nachfolgend zeigen wir Ihnen ein paar Methoden auf, die sich bewährt haben. Picken Sie eine Methode heraus, die Sie auf Anhieb anspricht oder die Sie noch nie gemacht haben. Selbst wenn Sie schon eine Vision haben, arbeiten Sie diese mit einer der folgenden Methoden nochmals durch.

Träumen Sie Ihre Zukunft

Menschen mit klaren Visionen und Zielen sind umso erfolgreicher, je tiefer diese in ihr Unterbewusstsein einsinken. Denn von dort geht die wahre Macht aus: Intuition schlägt Logik und steuert heimlich jede unserer Entscheidungen.

Das Unterbewusstsein lässt sich aber weder mit Logik noch mit sachlichen Argumenten locken, sondern nur mit Emotionen. Engagieren Sie deshalb Steven Spielberg und drehen Sie Ihren persönlichen Traum-Film. Sie sind der Star. Die Handlung: Ihr Leben in fünf Jahren.

Wie wird es sein, wenn sich Ihre Vision erfüllt hat?

Visualisieren Sie Ihre Ziele – lassen Sie in Gedanken Ihren persönlichen Erfolgsfilm laufen. Denn erst wenn Sie Ihren Erfolg sehen, riechen und schmecken können, haben Sie einen passenden Anker für Ihr Unterbewusstsein gesetzt.

Lassen Sie sich interviewen

Nehmen Sie sich einen guten Freund oder Bekannten. Jemanden, dem Sie vertrauen, der Sie respektiert und wohlwollend ist. Ihr Freund macht ein Interview mit Ihnen. Seine Aufgabe ist es, Sie durch Fragen anzuregen, Ihnen dann wirklich zuzuhören und Ihre Antworten für Sie zu notieren. Er soll Ihre Gedanken aufschreiben, diese aber nicht interpretieren. Er muss Ihnen und Ihren Gedanken folgen und darf nicht versuchen, Sie zu dominieren, indem er eigene Bewertungen oder gar Ideen einbringt.

Schreiben Sie es auf

Wenn Sie gerne schreiben, können Sie Ihre Fragen und Antworten auch aufschreiben. Dabei geht es nicht darum, möglichst schlaue Sätze zu schreiben, sondern vor allem darum, die erste Schreibsperre zu überwinden und wirklich eine Verbindung zum Bauch aufzunehmen.

Starten Sie mit dem so genannten **Clock-Writing**: Das Schreiben gegen die Uhr. Stellen Sie einen Wecker oder Ihr Handy auf sieben Minuten. Beginnen Sie dann sofort mit dem Schreiben. Schreiben Sie einfach los. Ohne abzusetzen. Schreiben Sie, schreiben Sie, schreiben Sie. Es geht darum, in den Schreib-Flow zu kommen. Und schnell werden Sie spüren: Je länger Sie schreiben, desto mehr löst es sich in Ihnen, und Sie schreiben wirklich, was Sie denken und fühlen, und nähern sich Ihrer Vision.

Machen Sie dabei einen Zeitsprung: Schreiben Sie, als träfen Sie in fünf Jahren einen guten Freund. Erzählen Sie ihm von Ihren Erfolgen. Erzählen Sie ihm, weshalb Sie mit Ihrer Familie so glücklich sind. Erzählen Sie, weshalb Sie als Trainer so glücklich sind. Erzählen Sie ihm, wie viel Sie verdienen. Erzählen Sie ihm, was Sie die letzten Jahre erlebt haben. Streichen Sie vor allem Ihre Erfolge heraus.

Und danach beantworten Sie die folgenden Fragen:
- Was ist mir in meiner Familie besonders wichtig?

- Was ist mir in meiner Trainerkarriere besonders wichtig?
- Welche Kunden möchte ich gerne trainieren?
- Wie viel möchte ich pro Jahr verdienen?
- Wo möchte ich trainieren?
- Wie sieht mein Alltag in fünf Jahren aus?
- Wie meine Wochenenden?
- Wie mein Bankkonto, meine Wohnung, mein Auto ...?
- Wo werde ich in Urlaub sein?
- Welche Freunde werde ich haben?
- Wo werde ich trainieren?
- Welche Trainings sind besonders wichtig?
- Was sagen meine Kunden über mich?
- Habe ich Mitarbeiter – und wenn, wie viele?

Kleben Sie Ihre Zukunft

Eine besonders wirksame Art herauszufinden, was man wirklich möchte und was einen bewegt, sind **Collagen**. Besorgen Sie sich dafür aus dem Baumarkt eine Leinwand in einer Größe von mindestens 60 x 40 cm. Suchen Sie einen großen Stapel an alten Zeitschriften, Illustrierten, Katalogen und allem, was Sie so an Bildmaterial finden können.

Besonders viel Spaß macht die Visions-Collage, wenn Sie sich dazu auch ein paar Zeitschriften gönnen. Investieren Sie 40 Euro in Ihre Zukunft. Gehen Sie in einen möglichst gut sortierten Zeitschriftenladen, beispielsweise eine Bahnhofsbuchhandlung. Und nun kaufen Sie alles, was das Herz begehrt, von Gala über Stern, GEO, National Geographic und Eltern bis zu Autozeitschriften und Business-Magazinen. Achten Sie auf den ersten Impuls, wenn Sie eine Zeitschrift sehen. Im Zweifel: Kaufen!

Nun fehlen nur noch Schere und Klebstoff. Machen Sie es sich bequem, vorm Kaminfeuer oder auf dem Teppich in Ihrem Wohnzimmer oder im Büro. Laden Sie ein oder zwei gute Freunde dazu ein, Ihren Lebensgefährten oder Ihre Kinder. Dazu stimmungsvolle Musik, ein Glas Rotwein. Dann geht's los: Reißen Sie zuerst aus, was Sie anspringt, was Sie motiviert, was Sie fasziniert. Dann schneiden Sie die Objekte aus und arrangieren Sie sie auf Ihrer Leinwand. Und wenn es passt: Kleben Sie.

Collagen sind deshalb so erfolgreich, weil der Weg zum Unterbewusstsein über Ihre Gefühle führt. Denn Bilder transportieren Emotionen um ein Vielfaches besser als trockene Worte oder Zahlen. Probieren Sie es aus und erstellen Sie Ihre eigene Visions-Collage. Entwickeln Sie so Ihre persönliche Zielscheibe.

Dieses „Zielfoto" hängen Sie so auf, dass Sie es täglich sehen. Binnen kurzer Zeit können Sie so Ihre Ziele verinnerlichen und Ihren inneren Autopiloten auf den richtigen Kurs programmieren.

Je tiefer Sie Ihre Ziele verinnerlichen, desto stärker filtert Ihr Unterbewusstsein alle diesbezüglichen Chancen und Möglichkeiten aus den Millionen von täglich eintreffenden Informationen. Durch diese ständige Aufmerksamkeit finden Sie plötzlich überall Gelegenheit, Ihre Ziele voranzutreiben.

3.2 Erfolg durch Werte: Was zeichnet einen guten Trainer aus?

Trainer stehen wie unter einem Vergrößerungsglas – und das im gleißenden Rampenlicht. Deshalb sind das Bewusstmachen und das Bewusstsein der eigenen Haltungen und Einstellungen für jeden Trainer von besonderer Bedeutung. Denn **mit seiner inneren und äußeren Haltung beeinflusst der Trainer die ganze Gruppe** – und darüber hinaus auch das Wertesystem seines Kunden (vgl. hierzu auch Alexander Frank, Die Bedeutung der „Haltung" in und für Trainings). Und egal, was er tut oder lässt, was er sagt, wann und wie er es sagt, es wird immer auf ihn zurückfallen.

Die Bedeutung der Werte und der (Geistes-)Haltung des Trainers kommt schon weit vor dem Training zum Tragen. Denn schon im allerersten Kontakt des Trainers mit seinem potenziellen Kunden steht der Trainer auf dem Prüfstand. Ganz besonders, wenn der Auftraggeber selbst nicht am Training teilnehmen wird. Denn dann kann er nur aus dem Verhalten des Trainers schließen, ob dieser nicht nur die Trainingsinhalte, sondern auch die richtigen Werte und Einstellungen transportieren wird.

Trainer sind also nicht nur Vorbilder, sondern sie sind – ob sie wollen oder nicht – permanent auf dem Prüfstand. Und niemand entlarvt sich schneller als ein Trainer, der Werte vortäuscht oder gar trainiert, zu denen er nicht steht, die er nicht selbst lebt. Und dazu muss das Training noch nicht einmal angefangen haben. Es reicht schon eine entsprechende Einstellung oder – noch schlimmer – Abneigung gegenüber den Werten der anvisierten Zielgruppe.

Ein Beispiel aus der Praxis:

Der Vertriebstrainer Herbert K. kommt frustriert ins Coaching, weil er keine Aufträge bekommt. Seit sechs Monaten hat er als Zielgruppe die Finanz- und Versicherungsmakler im Visier. Er hat seine Vertriebstrainings auf das Wording der Zielgruppe abgestellt, Flyer gedruckt, eine Internetseite aufgesetzt und eine Telefonagentur auf den aktiven Vertrieb angesetzt. Und die Agentur bringt ihm jede Menge Interessenten. Doch weiter als bis zum Erstgespräch oder bis zur Abgabe eines Angebots kommt er nie.

Ich frage ihn, wie er auf die Zielgruppe gekommen ist. Seine Antwort: „Weil die so gut verdienen. Wenn ich mir anschaue, was die für Autos fahren und wie die mit dem Geld

---

um sich schmeißen und wie wenig die eigentlich von ihrem Geschäft verstehen – da müsste doch genug Geld da sein, um mich zu bezahlen. Und das Training rechnet sich bestimmt schon mit dem ersten zusätzlichen Abschluss!"

Oberflächlich gesehen würde es reichen, Herbert K. tiefer in die Thematik der Zielgruppe und ihrer speziellen Probleme einzuführen. Aber das wird nicht funktionieren. Denn was Herbert K. fehlt, ist der Respekt für seine potenziellen Kunden. Und genau das spürt sein Gegenüber schon im ersten Gespräch. Und ob sich der potenzielle Kunde überhaupt bewusst wird, wie er zu seiner Ablehnung kommt oder nicht, spielt gar keine Rolle. Das Ergebnis des fehlenden Respekts ist in jedem Fall vorprogrammiert: Dieser Mann mag ja möglicherweise gut sein, aber mein Team wird der nicht trainieren!

Die gute Nachricht ist, es gilt auch umgekehrt: Die Übereinstimmung zwischen eigenen Werten, gelebten Werten, vermittelten Werten und den Werten der Zielgruppe stellt nicht nur den Trainer zufrieden, sondern auch die Teilnehmer und den Auftraggeber. Eine hohe Übereinstimmung des Wertesystems zwischen Auftraggeber, Teilnehmer und Trainer ist deshalb ein wichtiges Kriterium im so genannten Traumkunden-Zyklus. Der Traumkunden-Zyklus ist ein bewährtes Instrument aus der Marketingstrategie, um passende Zielgruppen zu identifizieren.

Überprüfen Sie deshalb nun im ersten Schritt, welche Werte Ihnen persönlich wichtig sind, welche Werte heute in Ihren Trainings eine Rolle spielen und welche Werte Sie zukünftig stärker vermitteln möchten. Kreuzen Sie dazu in der nachfolgenden Liste jeweils die entsprechenden Spalten an.

Zum Abschluss des jeweiligen Werte-Themas entscheiden Sie noch, ob Sie das Leben dieses Wertes Kraft kostet – Ihnen also das Leben dieses Wertes zurzeit schwerfällt – oder ob Sie das Leben dieses Wertes stärkt.

Schauen Sie sich solche Werte, die Sie für besonders wichtig erachten, aber die Sie Kraft kosten, danach nochmals ganz genau an. Versetzen Sie sich in konkrete Situationen, rufen Sie Erinnerungen ab, um herauszufinden, was genau Sie an diesem Wert so viel Energie kostet. Denn wenn dieser Wert eine so tragende Rolle spielt und Sie dabei auch noch Energie kostet, weist er auf eine Dissonanz hin. Und solche Dissonanzen kosten unnötig viel Kraft, erschweren das Trainerleben und sollten bei zentralen Werten unbedingt aufgelöst werden.

Erster Wert: Verbindung

Der Begriff Verbindung kommt eigentlich aus dem Coaching und ist **die Fähigkeit des Coachs, einen emotionalen Faden zu seinem Coachee zu spannen**. Seinen Coachee wahrzunehmen und zu spüren, wo dieser gerade steht und was er braucht. Verbindung ist für erfolgreiche Trainer ein zentraler Wert, steht Verbindung doch für die Eigenschaft, nicht nur für sich selbst zu leben und zu sorgen, sondern an seinen Mitmenschen und deren Wohlergehen interessiert zu sein, zu ihnen eine „Verbindung" aufzubauen und daran zu arbeiten, diese Verbindung aufrechtzuerhalten und zu stärken.

Damit ist Verbindung auch eine zentrale Qualität eines guten Trainings. Der Trainer steht ständig mit jedem einzelnen Teilnehmer in Verbindung. Er spürt, wo jeder Einzelne steht, was er braucht und was zu tun ist, um die Verbindung aufrechtzuerhalten. Um sich dabei nicht zu verlieren, ist die wichtigste Voraussetzung die Verbindung des Trainers zu sich selbst. Nur wenn der Trainer in seiner Mitte ist, stellt er sicher, dass er seine Kraft abrufen kann – und sich nicht in den unterschiedlichen Bedürfnissen und Anforderungen seiner Teilnehmer verliert.

Verbindung ist ein sehr kraftvoller Wert, denn wer in Verbindung zu seinen Teilnehmern, zu seinen Auftraggebern und Kunden ist, nimmt wahr, wie es dem Gegenüber geht und was dessen tatsächliche Bedürfnisse sind. Und wer das herausfindet, braucht nicht mehr „Verkäufer" zu spielen. Er ist der Coach seines Kunden und bietet diesem nur, was dieser sowieso braucht.

Leben Sie den Wert „Verbindung"?															
Ausprägung	Ist mir besonders wichtig			Spielt in meinen Trainings eine große Rolle			Möchte ich zukünftig mehr vermitteln								
Ich halte Verbindung zu meinen Teilnehmern.															
Ich halte Verbindung zu meinen Auftraggebern.															
Ich halte Verbindung zu meinem persönlichen Umfeld.															
Ich halte Verbindung zu meinem Netzwerk.															
Ich halte Verbindung zu meinen Mitmenschen.															
Ich kann mich auf andere Menschen einschwingen.															
Balance mit diesem Wert	-5	-4	-3	-2	-1	0	1	2	3	4	5				
Nach Situationen, in denen ich diesen Wert besonders intensiv lebe/abrufe, fühle ich mich stärker (+), genauso kraftvoll wie vorher (0) oder erschöpft (-).															

Zweiter Wert: Respekt

Ein guter Trainer wird schon durch das eigene Auftreten den Respekt seiner Teilnehmer gewinnen. Doch strahlt er nicht nur den Anspruch auf Respekt aus, sondern für einen Trainer ist die Achtung – der Respekt – für den Kunden und den am Training teilnehmenden Menschen eine Selbstverständlichkeit. Er begegnet diesen auf Augenhöhe. Auch wenn er als Trainer die Inhalte besser kennt, geht es darum, dieses Wissen mit den anderen zu teilen – sie daran teilhaben zu lassen. **Respekt ist also eine Haltung, die der Trainer den anderen gibt und zugleich selbst ausstrahlt.**

Leben Sie den Wert „Respekt"?			
Ausprägung	Ist mir besonders wichtig	Spielt in meinen Trainings eine große Rolle	Möchte ich zukünftig mehr vermitteln
Ich respektiere mich selbst.			
Ich respektiere meine Teilnehmer.			
Ich respektiere meine Auftraggeber und Kunden.			
Ich respektiere meine Familie und mein persönliches Umfeld.			
Ich respektiere die Art, wie andere Menschen leben, auch wenn diese von meinen Wertvorstellungen abweicht.			
Ich gehe respektvoll mit den mir zur Verfügung gestellten Ressourcen, wie Budgets, Materialien und Räume, um.			

Balance mit diesem Wert	-5	-4	-3	-2	-1	0	1	2	3	4	5
Nach Situationen, in denen ich diesen Wert besonders intensiv lebe/abrufe, fühle ich mich stärker (+), genauso kraftvoll wie vorher (0) oder erschöpft (-).											

Dritter Wert: Belief

Belief bezeichnet den Glauben (die Überzeugung) an eine Sache oder Person. Als Trainer habe ich den Belief an meine Inhalte und mich. **Ich „glaube" daran, dass mein Wissen und meine Vermittlungskompetenz den Seminarteilnehmern den Nutzen bringt, den diese brauchen.** Noch wichtiger ist der Belief in die Teilnehmer. Als Trainer glaubt man daran, dass die Teilnehmer wichtige Inhalte und Fertigkeiten aus dem Seminar mitnehmen und umsetzen werden. Denn wenn der

Trainer schon nicht daran glauben würde, wie sollten die Zuhörer dann überzeugt sein?

Leben Sie den Wert „Belief"?			
Ausprägung	Ist mir besonders wichtig	Spielt in meinen Trainings eine große Rolle	Möchte ich zukünftig mehr vermitteln
Ich glaube an mich selbst.			
Ich glaube an meine Fähigkeiten, mein Wissen und meine Seminarkompetenzen.			
Ich glaube, dass meine Teilnehmer wichtige Inhalte und Fähigkeiten aus dem Seminar mitnehmen und umsetzen werden.			
Ich glaube, dass meine Auftraggeber und Kunden wissen, was sie brauchen und danach handeln.			
Ich glaube an meine Familie, meine Freunde und mein persönliches Umfeld.			
Ich glaube an die Fähigkeiten meiner Mitmenschen.			

Balance mit diesem Wert	-5	-4	-3	-2	-1	0	1	2	3	4	5
Nach Situationen, in denen ich diesen Wert besonders intensiv lebe/abrufe, fühle ich mich stärker (+), genauso kraftvoll wie vorher (0) oder erschöpft (-).											

Vierter Wert: Sich dem Teilnehmer wirklich öffnen

Sich dem Kunden wirklich zu öffnen, ist eine wichtige Trainerhaltung. Es geht darum, immer „den liebenswerten Menschen" in seinen Teilnehmern zu finden. Manche Trainer nennen den Wert deshalb auch „In Liebe sein", aber das ist vielen Trainern zu kitschig oder zu soft. Es geht darum, **für das Verhalten seiner Teilnehmer wirklich offen zu sein, ohne Verurteilung ihrer Handlungen, und nicht nur das zu sehen, was sie zeigen**. Sondern immer dahinter den eigentlichen, den liebenswerten Menschen zu finden, der aber von Verhaltensmustern getrieben wird und möglicherweise gar nicht „aus seiner Haut" kann. Das erleichtert es dem Trainer, Verhaltensweisen und Angriffe nicht persönlich zu nehmen.

Wenn ich die Teilnehmer in ihrem So-Sein akzeptiere, kann ich angemessen reagieren und schaffe damit zudem ein Klima des Vertrauens.

Leben Sie den Wert „Sich dem Teilnehmer wirklich öffnen"?			
Ausprägung	Ist mir besonders wichtig	Spielt in meinen Trainings eine große Rolle	Möchte ich zukünftig mehr vermitteln
Ich schätze mich selbst und begegne mir in Liebe.			
Ich öffne mich für meine Teilnehmer und begegne ihnen wohlwollend.			
Ich akzeptiere und schätze meine Auftraggeber und Teilnehmer so, wie sie sind.			
Ich liebe meine Familie, meine Freunde und mein persönliches Umfeld.			
Ich begegne meinen Mitmenschen mit einem Vorschuss an Liebe und Vertrauen.			

Balance mit diesem Wert	-5	-4	-3	-2	-1	0	1	2	3	4	5
Nach Situationen, in denen ich diesen Wert besonders intensiv lebe/abrufe, fühle ich mich stärker (+), genauso kraftvoll wie vorher (0) oder erschöpft (-).											

Fünfter Wert: Stimmung halten oder Contenance

In jedem Training kann es vorkommen, dass die Energie in der Gruppe nach unten geht oder einzelne Teilnehmer durch Kritik, Müdigkeit oder aus ganz anderen Gründen die Stimmung negativ beeinflussen. Aufgabe des Trainers ist es nun, die **äußere und innere Haltung davon unbeeindruckt zu lassen und weiterhin die Stimmung zu halten**.

Leben Sie den Wert „Stimmung halten / Contenance"?			
Ausprägung	Ist mir besonders wichtig	Spielt in meinen Trainings eine große Rolle	Möchte ich zukünftig mehr vermitteln
Ich lasse meine persönlichen Befindlichkeiten außen vor, wenn ich trainiere.			
Ich bringe meine ganze Energie ins Training ein.			
Auch in schwierigen Trainingssituationen halte ich die Energie, die gute Laune und die Stimmung.			

Ich zeige mich und bin mit Spaß und Begeisterung beim Training.										
Balance mit diesem Wert	-5	-4	-3	-2	-1	0	1	2	3	4	5
Nach Situationen, in denen ich diesen Wert besonders intensiv lebe/abrufe, fühle ich mich stärker (+), genauso kraftvoll wie vorher (0) oder erschöpft (-).										

Sechster Wert: Kunden- und Serviceorientierung

Der konkret umsetzbare Nutzen eines Trainings steht für den Kunden im Mittelpunkt. Für Sie als Trainer heißt das, sich schon im Rahmen der Auftragsklärung **auf das zu fokussieren, was der Kunde mit dem Training erreichen will.** Gelingt es Ihnen, genau das umzusetzen, sichern Sie sich letztlich auch Folgeaufträge.

Leben Sie den Wert „Kunden- und Serviceorientierung"?			
Ausprägung	Ist mir besonders wichtig	Spielt in meinen Trainings eine große Rolle	Möchte ich zukünftig mehr vermitteln
Für mich steht mein Kunde im Mittelpunkt.			
Es ist meine Aufgabe als Trainer, meinen Teilnehmern zu dienen.			
Für mich ist es besonders wichtig, die Ergebnisse zu erzielen, die mein Kunde mit dem Training erreichen möchte.			
Ich sehe es als meine Aufgabe an, auch unbewusste und unklare Wünsche meiner Kunden herauszuarbeiten und zu erfüllen.			
Ich bin stets freundlich und herzlich.			
Ich grenze mich, wo erforderlich, freundlich, aber bestimmt ab.			
Ich entscheide nichts über andere hinweg, d.h., wenn etwas zu klären ist, spreche ich direkt mit den Menschen und nicht über sie.			

Balance mit diesem Wert	-5	-4	-3	-2	-1	0	1	2	3	4	5
Nach Situationen, in denen ich diesen Wert besonders intensiv lebe/abrufe, fühle ich mich stärker (+), genauso kraftvoll wie vorher (0) oder erschöpft (-).										

Siebter Wert: Führung und Verantwortung

Ihr Kunde sagt Ihnen, was er erreichen will, und Sie sind der Experte, der ihn darin unterstützt und anleitet, dass er genau dahin gelangt. Dabei heiligt nicht der Zweck die Mittel, sondern Sie müssen **das, was Sie tun, immer auch dahingehend prüfen, ob es der Unternehmenskultur und den Menschen, mit denen Sie zu tun haben, entspricht.**

Leben Sie den Wert „Führung und Verantwortung"?			
Ausprägung	Ist mir besonders wichtig	Spielt in meinen Trainings eine große Rolle	Möchte ich zukünftig mehr vermitteln
Ich übernehme Verantwortung, wo immer es notwendig ist.			
Ich bin eine Führungspersönlichkeit.			
Ich erkenne und akzeptiere Hierarchien.			
Ich füge mich in vorgegebene Hierarchien an der mir zustehenden Stelle ein.			
Ich bin im Service und übernehme dann die Führung, wenn es die Situation erfordert.			
Ich achte darauf, immer einen der Situation und dem Gegenüber angemessenen Status einzunehmen.			
Ich passe mich in vorgegebene Teams ein.			

Balance mit diesem Wert	-5	-4	-3	-2	-1	0	1	2	3	4	5
Nach Situationen, in denen ich diesen Wert besonders intensiv lebe/abrufe, fühle ich mich stärker (+), genauso kraftvoll wie vorher (0) oder erschöpft (-).											

Achter Wert: Selbstvertrauen

Nur wenn Sie als Trainer Vertrauen in die eigenen Kenntnisse und Fähigkeiten haben, können Sie souverän und kompetent auftreten und auch in schwierigen Situationen wirkungsvoll agieren.

Leben Sie den Wert „Selbstvertrauen"?			
Ausprägung	Ist mir besonders wichtig	Spielt in meinen Trainings eine große Rolle	Möchte ich zukünftig mehr vermitteln
Ich fühle mich stark und sicher. Ich bin der Fels in der Brandung.			
Ich weiß, was ich will, und wenn nicht, wie ich es herausfinde.			
Ich bestimme mein Schicksal selbst und gehe meinen Weg.			
Ich kann mit konstruktiver Kritik umgehen und verändere meine Position, wenn es sinnvoll ist.			
Es fällt mir auch in schwierigen Situationen leicht, Gruppen zu trainieren.			

Balance mit diesem Wert	-5	-4	-3	-2	-1	0	1	2	3	4	5
Nach Situationen, in denen ich diesen Wert besonders intensiv lebe/abrufe, fühle ich mich stärker (+), genauso kraftvoll wie vorher (0) oder erschöpft (-).											

Weitere für Trainer wichtige Werte sind:

Leben Sie die folgenden Werte?				
Werte	Ausprägung	Ist mir besonders wichtig	Spielt in meinen Trainings eine große Rolle	Möchte ich zukünftig mehr vermitteln
Vorbild	Ich bin Vorbild und lebe vor, was ich für richtig und wichtig erachte.			
	Ich lebe, was ich trainiere.			
Humor	Ich bringe Humor ein und schätze diesen auch an meinem Gegenüber.			
Leichtigkeit	Ich lebe und handle aus einem Gefühl der Lebensfreude und Leichtigkeit heraus.			

Seriosität	Ich bin sachlich, aufrichtig und authentisch.			
	Ich achte darauf, dass mein Auftreten, meine Aussagen und meine Handlungen übereinstimmen.			
Disziplin	Ich setze Vereinbartes konsequent um.			
In der Mitte sein	Ich lasse mich nicht aus der Ruhe bringen.			
	Ganz gleich, was passiert: Ich gebe Hysterie und Drama keinen Raum.			
Mutig sein	Ich handle nach meiner Bestimmung.			
	Wenn ich etwas als richtig erachte, bin ich bereit und fähig, etwas zu wagen.			

3.3 Selbstmotivation: Wie ich lerne, das Trainerdasein (wieder) zu lieben

Dieses Kapitel handelt von Motivationsflauten, den typischen Erschöpfungen des Trainerlebens und davon, wie man damit umgeht.

Viele Trainer erinnern sich wehmütig an die ersten Tage ihrer Selbstständigkeit. Als sie sich aufmachten, ihre Ideen zu verwirklichen, ihre Träume und Visionen in Visitenkarte, Briefbogen, Flyer und Internetauftritt zu formen. Die ersten Trainings zu entwickeln, die ersten Kunden zu finden.

Ob es darum geht, den ersten Kunden zu gewinnen, die erste Preisverhandlung erfolgreich zu bewältigen oder das erste Training auf eigene Rechnung zu absolvieren: Es kribbelt im Bauch, die Spannung steigt fast bis ins Unerträgliche, der Adrenalinschub gibt einen Kick. Und dann, wenn es vollbracht ist, belohnt das unglaublich schöne Gefühl der Bestätigung. Es „geschafft" zu haben. Endlich „dazuzugehören". In diesen Monaten von der Idee über die Geburt bis zu den ersten Gehversuchen der eigenen Trainingsfirma strahlen Euphorie und Begeisterung der Existenzgründer auf Freunde und Bekannte, frühere Kollegen, zukünftige Geschäftspartner und die eigene Familie aus.

Euphorie und Begeisterung geben die Energie, weiterzumachen. Rückschläge zu überwinden. Stunden und Tage im Geschäft, auf Reisen oder in Trainings zu verbringen – ohne Wenn und Aber. Doch mit dem Erfolg kommt die Gewohnheit. Mit jedem neuen Angebot, jedem neuen Kunden und jedem neuen Training gewinnt die Routine ein Stück mehr an Macht. **Und mit der Routine verfliegt die Euphorie.**

Es stimmt, wer selbstständig ist, erlebt jeden Tag weit mehr Herausforderungen als die meisten seiner angestellten Kollegen. Er lebt, arbeitet und trainiert viel intensiver. Doch gerade diese Intensität und der Druck, pausenlos Umsatz generieren zu müssen, führen im Laufe der Zeit zu einer tiefen emotionalen Erschöpfung. So hoch, wie die Euphorie war, so tief sinkt jetzt die Motivation. Eigentlich ist das ja ganz normal. Das Leben ist nicht nur Euphorie und Glück, es gibt Hochs und Tiefs. Und so hat jeder das Recht auf den Moment, an dem er sich fragt: „Warum tue ich mir das eigentlich an?"

Wer den Gedanken wieder und wieder wegdrückt, ohne ihm nachzugehen und ihn möglichst aufzulösen, lebt gefährlich. Denn der Frust verschwindet nicht, sondern sammelt sich an. Tief unten. Erzeugt Bauchweh. Mehr und mehr und mehr. Probiert wieder und wieder, hochzukommen. Bis er sich nicht mehr aufhalten lässt – und dann ist der Frust möglicherweise so groß, dass er sich nicht mehr kanalisieren lässt.

Nehmen Sie deshalb Ihre Motivationsflauten ernst.

Schauen Sie, worum es genau geht. Welche Nachricht wirklich dahintersteht. Und suchen Sie dann nach Wegen, die Frustrationen aufzulösen. Es geht nicht darum, die Frustration oder gar Depression zu pflegen und zu hegen. Sondern darum, **herauszufinden, was Sie wirklich unzufrieden macht**. Und dann ist es Ihre Aufgabe als Selbstständiger, eine Lösung zu finden. Möglicherweise nicht sofort, möglicherweise auch nicht in den nächsten acht Wochen. Aber zumindest eine Vision und eine Strategie zu entwickeln, die es Ihnen in einem akzeptablen Zeitraum ermöglicht, das Problem zu lösen. Denn je motivierter und zufriedener Sie selbst sind, desto erfolgreicher wird Ihre Firma sein!

Nach unserer Erfahrung sollten Sie Motivationsflauten mit einem Drei-Punkte-Programm begegnen:
1. Beseitigen Sie Motivationsstörungen
2. Schaffen Sie sich eine Kultur der Selbstmotivation
3. Führen Sie ein Trainer-Tagebuch

3.3.1 So beseitigen Sie Motivationsstörungen

Achten Sie darauf, ob es Situationen oder Themen gibt, die Sie wieder und wieder frustrieren. Gehen Sie diesen gezielt nach. Stellen Sie sicher, dass es sich nicht um eine Ausnahme handelt. Denn Ausnahmen wirken aufgrund ihres seltenen Auftretens besonders intensiv nach – aber wenn Sie jeder Ausnahme nachgehen und dafür eine generelle Lösung suchen würden, kämen Sie nicht mehr zu Ihrem Hauptgeschäft.

Falls also der Auslöser für Ihre Unzufriedenheit typisch für Ihr bisheriges Geschäft ist und absehbar ist, dass diese Situation auch zukünftig immer wieder vorkommen wird, finden Sie heraus, wie Sie diese Motivationsstörung ausmerzen können. Wenn aber der aktuelle Auslöser nur eine einmalige oder seltene Ausnahme ist, machen Sie sich das bewusst. Und konzentrieren Sie sich wieder auf das, was Ihnen Freude, Erfolgserlebnisse und Einkommen verschafft: Ihr Kerngeschäft.

Die meisten Motivationsstörungen kommen aus vier zentralen Bereichen:
- Leistungserbringung, also Trainings und Trainingsumfeld
- Verkauf
- Finanzieller Bereich
- Persönlicher Bereich

Motivationsstörungen in der Leistungserbringung

Die von uns am häufigsten gehörte Klage von langjährigen Trainern betrifft das Leben aus dem Koffer:

> *„Rein in den Koffer, raus aus dem Koffer: Ich will nicht mehr reisen."*

Die Wahrheit ist: Fast alle Trainer müssen reisen. Denn die meisten Trainings werden entweder vor Ort beim Kunden, in den Weiterbildungsinstituten oder in separaten Seminarhotels erbracht. Aber diese Wahrheit macht es auch nicht besser, wenn man Woche für Woche aus dem Koffer lebt.

Was Sie kurzfristig ändern können:
- **Machen Sie sich die Reisen so angenehm wie möglich.** Planen Sie ausreichend An- und Abreisezeit ein. Hängen Sie an interessanten Orten ein oder zwei Tage an und schalten Sie dabei vom Trainings- in den Erholungsmodus. Noch besser: Gehen Sie das Thema aktiv an. Erstellen Sie eine Liste von Orten, an denen Sie gerne trainieren UND sich erholen würden, und schlagen Sie diese aktiv bei Ihren Kunden vor. Ich lebte schon fast 25 Jahre aus dem Koffer, bis ich herausfand, wo mir Trainieren denn wirklich Spaß machen würde: Auf Mallorca. Inzwischen sind die Mallorca-Premium-Trainings unserer Akademie für Geschäftserfolg eine feste Institution – und ich fliege gerne dahin.
- **Trennen Sie für Ihre Reisen privat und Geschäft:** Kaufen Sie alles, was Sie sowohl daheim als auch für die Reise benötigen, wie z.B. Koffer, Föhn und Rasierzeug,

doppelt ein. So brauchen Sie nicht immer alles daheim ein- und auszupacken. Sparen Sie dabei nicht, kaufen Sie nur Sachen, die Ihnen wirklich gefallen! Denn Ihr Koffer, Ihr Hotelzimmer und alles, was Sie dahin mitnehmen, sind Bestandteil Ihres Arbeitsplatzes. Und den sollten Sie lieben!

- **Probieren Sie andere Verkehrsmittel aus** – Bahn statt Auto, um Zeit für sich zu haben, oder Auto statt Bahn, um dem Gefühl der Fremdbestimmung zu entkommen.
- **Übernachten Sie nicht im gleichen Hotel wie Ihre Teilnehmer.** Die Angestellten Ihrer Kunden übernachten ja auch nicht im Büro. Wenn Sie schon im Training alles geben, dann sollten Sie wenigstens die Nacht für sich haben. Wenn ein separates Hotel nicht möglich ist, lassen Sie sich zumindest ein Zimmer auf einer anderen Etage und möglichst weit weg von Ihren Teilnehmern geben. Anfangs mag einem das eigenartig vorkommen, aber erst wenn man es einmal ausprobiert hat, merkt man, wie viel unbewusste Aufmerksamkeit es braucht, wenn man Tür an Tür mit seinen Teilnehmern schläft.

  Das gilt übrigens auch für Mittag- und Abendessen. **Bestehen Sie auf einem separaten Tisch ohne Kontakt zu den Teilnehmern**. So können Sie zur Ruhe kommen und Ihre Batterien neu aufladen. Keine Angst: Dass Sie nicht 24 Stunden rund um die Uhr für Ihre Teilnehmer zur Verfügung stehen, raubt Ihnen keine Verkaufschancen, sondern unterstreicht Ihre Bedeutung als Experte und macht die Zeit, die Sie jemandem widmen, umso kostbarer.

- **Passen Sie Ihr Honorarsystem an.** Angebote für Seminare an Orten, die Ihnen nicht gefallen, besonders umständlich zu erreichen oder besonders weit weg sind, werden wesentlich teurer. Suchen Sie in Ihrer Nähe günstige Seminarhotels und Tagungsräume, treffen Sie mit den Vermietern Sondervereinbarungen und machen Sie preissensiblen Kunden Angebote, bei denen diese nicht Nein sagen können.

Wie Sie mittel- und langfristig die Reisetätigkeit reduzieren können:

- Beschließen Sie, **möglichst viele Kunden in der eigenen Region zu gewinnen**. Konzentrieren Sie mindestens ein Drittel Ihres Marketings und Ihrer Akquise auf Ihre Region. Das ist für Ihre Kunden übrigens sogar noch billiger, da die Reisekosten entfallen. Viele Trainer und Berater meinen zwar, für ihr Geschäft gelte der Spruch: „Der Prophet gilt nichts im Heimatland." Aber die Beratungspraxis zeigt ein ganz anderes Bild: Die meisten Trainer haben keine Strategie für eine gezielte Gewinnung von Kunden in der eigenen Region. Ergebnis: Sie müssen dahin fahren, wo sie von jemandem empfohlen wurden. Und je öfter sie weit weg fahren, desto öfter werden sie weit weg empfohlen. Ein sich selbst erfüllender Teufelskreis.
- Nutzen Sie Ihre wachsende Trainer- und Lebenserfahrung und **ergänzen Sie Ihr Trainingsgeschäft um die Bereiche Coaching und Beratung**. Erarbeiten Sie spezielle Coaching- und Beratungsangebote für Ihre Zielgruppe und setzen Sie eine Positionierungs- und Vermarktungskampagne auf – und vor allem: Halten Sie durch!

Die meisten Menschen überschätzen, was man in drei bis vier Monaten machen kann, aber sie unterschätzen, was man binnen drei Jahren machen kann. Drei Jahre benötigen Selbstständige im statistischen Schnitt für eine komplette Neu-Positionierung. Nachdem ich Anfang dieses Jahrtausends fast durchgängig auf Deutschland-Tournee war, beschloss ich, dass zukünftig 80 Prozent meiner Kunden zu mir kommen sollten. Heute kommen Selbstständige aus ganz Deutschland zur Beratung, zum Training und sogar zum Coaching zu uns nach Tübingen – oder an den Ort meiner Wahl. Hätte mir jemand 2002 gesagt, dass Coachees für ein dreistündiges Coaching von Kiel, Bad Segeberg, Bochum, Düsseldorf, Essen, Frankfurt, Berlin und München zu mir nach Tübingen kommen – ich hätte es nicht geglaubt.

„Ich will nicht schon wieder das gleiche Seminar halten!"

Zuerst einmal: Gratulation. Sie haben aus betriebswirtschaftlicher Sicht etwas geschafft, von dem andere nur träumen. Ein Training so weit entwickelt, dass es „nur" noch abgerufen und umgesetzt werden muss. Das ist die Chance, um richtig Geld zu verdienen. Denn es ermöglicht Ihnen, jede Menge Zeit und Arbeit zu sparen. Wenn Sie jemand für dieses Training anruft, stehen Sie sofort bereit. Sie müssen dafür keinen neuen Kunden gewinnen. Sie müssen das Training immer weniger vor- und nachbereiten. Endlich amortisieren sich Ihre ganzen Vorinvestitionen und Sie können richtig Geld verdienen.

Dennoch ist das eine verständliche Aussage. Denn viele Trainer haben diesen Beruf gewählt, weil sie Abwechslung möchten. Und nun das: wieder und wieder das gleiche Training.

Was Sie kurzfristig ändern können:
- Wenn Sie das Training gar nicht mehr halten möchten und auch nicht darauf angewiesen sind, ist die einfachste Möglichkeit das Schmerzensgeld. **Überlegen Sie, wie viel der Kunde Ihnen bezahlen müsste, damit Sie an dem Training wieder Spaß haben.** Und gehen Sie dann in die Verhandlung. Wenn Sie verlieren, brauchen Sie das Training nicht mehr durchzuführen. Und wenn Sie gewinnen, wird Sie das Geld wieder motivieren.
- **Mihaly Csikszentmihalyi** hat bei seinen jahrzehntelangen Untersuchungen zum Thema „Glück" herausgefunden, dass selbst Menschen am Fließband glücklich sein können – wenn es ihnen gelingt, in den so genannten **Flow** zu kommen. Glück ist für Csikszentmihalyi ein Zustand von Hochstimmung und tiefer Freude, den man lernen und kultivieren kann. Eines seiner Beispiele ist ein Fließbandarbeiter. Dieser berichtet, dass er sich bei seiner Tätigkeit immer wieder neue Herausforderungen einfallen lässt. Mal versucht er, seine Handgriffe in möglichst kurzer Zeit auszuführen, mal im Rhythmus einer gedanklichen Musik, mal nur mit einer Hand.

Selbstmotivation: Wie ich lerne, das Trainerdasein (wieder) zu lieben

D.h., er schafft sich ein Spiel, indem er seine durch die sich ständig wiederholenden Handgriffe langweilige Arbeit anreichert.

Anders gesagt: **Sie haben das Glück selbst in der Hand.** Es liegt an Ihnen, das Training anspruchsvoller und für Sie interessanter zu gestalten. Immerhin sind Sie der Trainer! Ob Sie dafür das Thema variieren, neue Beispiele einbringen oder neue Methoden und Werkzeuge ausprobieren, ist egal. Wenn Ihr Kunde Ihnen jede Veränderung des Ablaufs und der Methoden verbietet, versuchen Sie, sich tiefer und tiefer in die Welt der Teilnehmer einzulassen und sozusagen vorherzusehen, was diese denken und tun werden.

- Wenn Ihnen das nicht reicht, **schreiben Sie parallel zum Training ein Train-the-Trainer-Handbuch** zu diesem Training. Nehmen Sie in dem Handbuch alle Eventualitäten vorweg. Denn das ist eine gute Vorbereitung für Ihre mittelfristige Perspektive.

Was Sie mittelfristig ändern können:

- Finden Sie einen Weg, wie Sie Ihren Kunden davon überzeugen können, dass Sie **das Training oder Teile davon delegieren können**. Suchen Sie dann einen zukünftigen Mitarbeiter oder Freelancer. Schließen Sie mit ihm eine Kundenschutz- und Knowhow-Vereinbarung, lassen Sie ihn dann erst hospitieren und, wenn er so weit ist, für sich trainieren. Der Lohn dieser Mühe ist ein doppelter: Sie brauchen das Thema nicht mehr selbst zu trainieren und schaffen sich eine zusätzliche Einkommensquelle.
- Prüfen Sie, wie groß der Markt für dieses Training ist. Ob der Markt so viel Potenzial hat, dass Sie nicht nur einen Freelancer oder Angestellten für sich arbeiten lassen, sondern Ihr **Knowhow gezielt lizenzieren** können. In einer Art von Franchise-System. Es gibt immer wieder Trainer, denen die eigene Vermarktung und/oder die Entwicklung von Trainings schwerfällt.

„Hilfe, der Kunde will schon wieder ein neues/anderes Training von mir."

So verschieden Trainer sind, so verschieden auch die Meldungen. Die einen wären froh, endlich mal ein neues Training entwickeln zu dürfen, für andere ist das ständige Verändern des Trainings anstrengend und kräftezehrend. Der einfachste Weg wäre natürlich, wenn sich zwei so unterschiedliche Pole zusammenschließen und einer die neuen Trainings entwickelt und der andere sie trainiert. Sollte das in Ihrem Fall nicht möglich sein, haben Sie dennoch ein paar Alternativen:

Was Sie kurzfristig ändern können:

- Überprüfen Sie Ihren Anspruch. Immer wieder erleben wir, dass diese Meldung vor allem von Trainern mit einem **sehr hohen Perfektionsgrad** kommt. Sie bereiten sich möglichst ausgiebig auf das Training vor und stecken darüber hinaus noch sehr viel Arbeit und Gehirnschmalz in die Unterlagen. Prüfen Sie, ob die Relation von Aufwand zum Trainingsentgelt überhaupt gewährleistet ist. Teilen Sie dazu das Trainingshonorar durch die Anzahl Stunden, die Sie insgesamt für das Training benötigen. Wenn der Stundensatz Ihren Mindestsatz unterschreitet, haben Sie drei Handlungsalternativen:

- Sie budgetieren den Vorbereitungsaufwand und halten das Training trotzdem. Nach **Pareto** gilt die **20/80-Regel**, d.h., mit 20 % Aufwand erzielen Sie in der Regel 80 % des gewünschten Ergebnisses. Und wenn Sie schon länger im Trainingsgeschäft sind, ist es vielleicht nur die Gewohnheit, die Sie eine so lange Vorbereitungszeit planen lässt. Dabei gilt, wie für viele Tätigkeiten: Eine Aufgabe dehnt sich genau so lang, wie dafür Zeit ist. Wenn Sie es schaffen, die Hürde der möglichen Übervorbereitung zu überwinden, werden Sie mehr Zeit und mehr Geld zur Verfügung haben.
- **Sie verhandeln mit dem Kunden aufgrund der zusätzlichen Vorbereitungszeit nochmals über das Honorar.** Und wenn er über das eigentliche Honorar nicht verhandelt, dann vielleicht über die Zusage von Folgetrainings. Und wenn das auch nicht möglich ist, gehen Sie mit ihm nochmals die gewünschten Ergebnisse durch. Stellen Sie alle Leistungen auf den Prüfstand, von den Unterlagen über die Nachbetreuung bis hin zu den Themen und der Gewichtung – vielleicht können Sie ja Themen, die für Sie besonders aufwändig sind, im Zeitumfang reduzieren oder komplett streichen.
- **Sagen Sie klar und deutlich: Nein.** Neinsagen ist eine der wichtigsten Aufgaben eines Selbstständigen. Wer nicht im richtigen Moment Nein sagt, trainiert möglicherweise Dinge außerhalb seiner Kernkompetenz. Oder lässt sich dazu verleiten, Trainings zu Preisen anzunehmen, die sich für ihn nicht rechnen. Oder er verzettelt sich, weil er jeden Auftrag annimmt, und wundert sich dann, dass am Jahresende nichts übrig bleibt. Ihre Aufgabe als Unternehmer ist es, zu entscheiden, was Sie annehmen – und was nicht. Überlassen Sie das nicht Ihren Kunden, sonst fahren Sie möglicherweise in eine Richtung, die Ihrem Geschäft und Ihrer Zukunft nicht guttut.

Was Sie mittelfristig ändern können:

Wenn Sie immer wieder mit neuen Trainings und Themen konfrontiert werden und diese Anfragen lukrativ sind, scheinen Sie in Ihrem Marketing etwas richtig zu machen. Nutzen Sie diese Chance und **bauen Sie ein Netzwerk oder einen Stamm von Trainern auf**, denen Sie entweder die Aufträge vermitteln (gegen Provision, siehe Kapitel 4.9 zum passiven Einkommen) oder die in Ihrem Namen bei Ihren Kunden trainieren. Was gibt es Schöneres als Menschen, die für Sie Geld verdienen?

Selbstmotivation: Wie ich lerne, das Trainerdasein (wieder) zu lieben

Viele Kunden möchten die Trainings unbedingt an den Wochenenden durchführen lassen. Aber nur in den wenigsten Branchen und nur bei sehr wenigen Themen ist das auch wirklich unbedingt erforderlich.

Was Sie kurzfristig ändern können:

- **Bauen Sie Ruhe-Inseln.** Analysieren Sie dazu genau, welche Wochenenden begehrt sind. Oft sind es „nur" solche Wochenenden, die nicht in die Ferienzeit fallen. D.h., in der ferienfreien Zeit reiht sich ein Trainingswochenende an das nächste. Man nimmt sich zwar vor, für das Trainingswochenende zusätzlich einen oder zwei Tage das Büro zu schließen. Aber irgendwie geht diese Idee im Tagesgeschäft unter. Bauen Sie deshalb spätestens alle drei Trainingswochenenden ein verlängertes Wochenende für sich selbst ein. Reservieren Sie beispielsweise Donnerstag bis Montag. Eine solche Auszeit von fünf Tagen gibt Ihnen wieder Kraft für die nächste Runde.
- Legen Sie sich fest und **stellen Sie Regeln auf**. Entscheiden Sie zuerst, wie viele Wochenenden Sie maximal trainieren wollen bzw. müssen. Prüfen Sie, welche Wochenenden von Ihren Kunden typischerweise gebucht werden. Blockieren Sie für zwölf Monate im Voraus zuerst alle „ungeliebten" Wochenenden und dann so viele weitere Wochenenden für sich, bis nur noch so viele Wochenenden zur Verfügung stehen, wie Sie trainieren möchten. Nun gilt die Regel: Für jedes Wochenende, das Sie sich selbst wegnehmen möchten, müssen Sie ein anderes Kundenwochenende für sich reservieren.

  Erklären Sie es Ihren Kunden. Wenn Sie nicht Nein sagen können oder möchten, verweisen Sie auf Ihre Regeln. Die meisten Menschen reagieren mit Verständnis auf Regeln. Sie sind so erzogen, dass Regeln dazu da sind, befolgt zu werden. Sagen Sie also beispielsweise: „Tut mir leid, das geht nicht. Ich bin nun schon sieben Jahre im Geschäft und ich habe eine Regel: Maximal zwei Wochenendtrainings hintereinander."
- **Passen Sie Ihr Preismodell an.** Machen Sie Ihre Wochenendtrainings einfach teurer. Falls Sie Sorge haben, dass Sie Bestandskunden vergraulen, erhöhen Sie die Preise nur im Neugeschäft. Also immer dann, wenn ein neuer Kunde Sie am Wochenende buchen möchte, nennen Sie den neuen Preis. Wenn ein Interessent zurückschreckt, bieten Sie ihm die günstigere „Unter-der-Woche"-Kondition. Wenn dagegen die Interessenten regelmäßig die neuen Wochenendpreise akzeptieren, wissen Sie, dass Sie immer noch zu billig sind.

So können Sie mittel- und langfristig Ihre Wochenendtätigkeit reduzieren:

- **Stärken Sie Ihre Positionierung:** Je mehr ein Kunde genau Sie als Trainer möchte, desto eher bestimmen Sie die Bedingungen. Und wenn Sie prinzipiell nicht an

Wochenenden trainieren, bleibt dem, der genau Sie möchte, nichts anderes übrig, als auf Ihre Konditionen einzugehen.

- **Suchen Sie sich Zielgruppen und Trainingsformate, bei denen es nicht erforderlich ist, am Wochenende zu trainieren.** Entwickeln Sie eine entsprechende Kampagne. Investieren Sie ein Drittel Ihres Marketingbudgets und Ihrer Zeit in das neue Geschäftsfeld und beginnen Sie, Ihr Geschäft in die neue Richtung voranzutreiben.

Motivationsstörungen im Verkauf

„Ich will nichts mehr verkaufen müssen!"

Wenn wir mit Nicht-Verkaufstrainern zusammen sind und über das Verkaufen sprechen, macht sich meist ein Unwohlsein breit. Ja nun, mehr Kunden und Aufträge wären wohl unbedingt erforderlich. Wenn nur das lästige Verkaufen nicht wäre. Verkaufen hat für viele Trainer einen äußerst faden Beigeschmack. Verkaufen polarisiert – entweder ist jemand dafür oder er ist dagegen. Und wenn er dagegen ist, dann meistens, weil Verkaufen für ihn negativ besetzt ist.

Nun muss aber jeder Selbstständige seine Leistung verkaufen – und das gilt heute übrigens nicht nur für Trainer, sondern sogar für den Hausarzt, der mindestens 15 Prozent seiner Leistungen an Kassenpatienten als separat zu bezahlende Leistungen verkaufen muss, sonst rechnet sich seine Praxis nicht mehr. Deshalb haben wir die **Service-Selling-Methode** (siehe dazu Kapitel 5.8) entwickelt, eine Methode, mit der es gerade Nicht-Verkäufern leichter fällt, ihre Leistungen so darzustellen, dass der Kunde ohne Verkaufsdruck die Kaufentscheidung trifft.

Was Sie kurzfristig ändern können:
Ändern Sie Ihre Einstellung: **Werden Sie vom Nicht-Verkäufer zum Service-Anbieter.** Arbeiten Sie dazu das Kapitel „Service-Selling" intensiv durch. Machen Sie sich klar, worum es eigentlich geht: Ihr Kunde sucht nach einem guten Trainer, weil er etwas erreichen möchte. Und Sie sind ein guter Trainer und können ihm genau das bieten. Das hat nichts mit Verkaufen zu tun, sondern nur damit, dass Sie Ihr Angebot, Ihren Service, selbstbewusst darstellen, erläutern und vertreten.

Was Sie mittel- oder langfristig ändern können:
- **Bauen Sie eine starke Positionierung auf.** Je stärker die Sogwirkung Ihres Marketings ist, desto mehr kommen Kunden auf Sie zu und desto stärker ist Ihre Verhandlungsposition. Wenn Ihr Kunde unbedingt Sie als Spezialisten möchte, müssen Sie sich nicht mehr verkaufen.

- **Entscheiden Sie sich, ob Sie überhaupt verkaufen wollen.** Wenn Sie immer wieder über das Thema Verkaufen stolpern und sich damit gar nicht beschäftigen möchten, müssen Sie eine strategische Entscheidung treffen. Entweder Sie suchen sich passende Weiterbildungsinstitute oder Akademien, welche Sie und Ihre Leistungen am Markt verkaufen. Oder Sie bauen Ihr Geschäft aus und suchen sich einen verkaufsstarken Partner, der sich um Marketing, Vertrieb und Verkauf kümmert.

> *„Ich halte es nicht mehr aus: Schon wieder eine Absage."*

Was Sie kurzfristig ändern können:

- **Freuen Sie sich über Absagen.** Absagen sorgen für Klarheit. Eines der größten Probleme im Verkauf ist, dass viele Menschen nicht Nein sagen können. Damit schleppen wir eine Unmenge an „halblebigen" Interessenten mit uns herum, die wir immer wieder mal kontaktieren sollten, anrufen, ein „Eigentlich interessant, aber im Moment nicht" erhalten und wieder auf Wiedervorlage legen. Je mehr solcher Fälle, desto mehr „Bauchweh" erzeugen diese, denn man müsste sich ja darum kümmern. Und umgekehrt wiegt man sich in Sicherheit, weil ja so viele Angebote draußen noch offen sind.

  Wenn Sie ein klares „Nein" erhalten, können Sie den Vorgang ablegen und sich auf die restlichen Angebote konzentrieren. Ein guter Verkäufer weiß, dass er sich mehrere Neins abholen muss, um auch ein Ja zu erreichen. Das ist ein Grundprinzip im Verkauf. Wenn Sie fast immer ein Ja erhalten, vergeben Sie vermutlich viele Vertriebschancen, weil sich bei Ihnen nur dann jemand meldet, wenn er Sie wirklich braucht.

- **Überprüfen Sie Ihren Außenauftritt.** Arbeiten Sie das Kapitel 5 zum öffentlichen Erfolg genau durch. Damit stellen Sie sicher, dass die Absagen nicht an Ihrem Außenauftritt oder an Ihnen liegen. Außerdem erhalten Sie dort mit dem Verkaufstrichter (Kapitel 5.3) eine Methode an die Hand, mit der Sie ganz einfach messen können, wie effektiv Ihr Marketing ist und wie Sie herausfinden, welche Methoden und Ansätze in Ihrem Geschäft besonders gut funktionieren.

- **Identifizieren Sie Muster in den Absagen.** Nehmen Sie sich dazu die Absagen der letzten zwölf Monate vor und notieren Sie ihre Gemeinsamkeiten. Sind es große oder kleine Firmen, welche Branchen, ist der Entscheider der Personalentwickler, der Personaler, die Führungskraft, der Inhaber oder der Geschäftsführer? Welcher Typ ist der Entscheider, schaut er mehr auf Zahlen, Daten, Fakten oder hört er mehr auf sein Bauchgefühl? Um welche Themen ging es? Arbeiten Sie so heraus, welche Anfragen entweder nicht zu Ihnen passen – oder von Ihnen noch nicht optimal ausgearbeitet werden.

- **Lehnen Sie bestimmte Anfragen ab.** Wenn eine Anfrage nicht zu Ihrer Kompetenz, Ihrer Person, Ihrem Umfeld oder Ihren Preisen passt, sollten Sie diese auch nicht bearbeiten. Sie sparen damit sich und dem Interessenten viel Zeit und Mühe. Und haben damit die Chance auf ein zukünftiges Geschäft. Denn dass jemand offen und klar sagt: „Interessant, ist aber nicht meine Spezialität", gibt es im Trainergeschäft selten. Viele Trainer versuchen möglichst jede Anfrage – und sei sie noch so unpassend – zu erfüllen. Dahinter steht die Angst, nicht genügend Aufträge zu erhalten. Wer aber klar sagt, was er kann und will und was nicht, zeigt Standing. Er spart nicht nur Zeit und Geld, sondern beeindruckt sein Gegenüber. Oft so sehr, dass dieser ihn weiterempfiehlt oder später mit einer passenden Anfrage zu ihm kommt.

- **Fragen Sie, weshalb Sie den Auftrag nicht bekommen.** Viele Menschen scheuen sich, nachzufragen. Und viele Auftraggeber möchten den Trainer, der ja viel Mühe in sein Angebot gesteckt hat, nicht verletzen. Und so kommt die Absage mal per E-Mail und mal in einem möglichst knapp gehaltenen Telefonat. Oder erst dann, wenn Sie explizit nachbohren. In jedem Fall ist es Ihre Aufgabe als Chef Ihrer Firma, herauszufinden, weshalb Sie eine Absage bekamen. Gehen Sie davon aus, dass Ihr Gegenüber Sie schonen möchte. Bedanken Sie sich deshalb für seine Absage, da Sie dadurch schon mal ein Angebot weniger überwachen müssen. Und fragen Sie dann nach, ob Ihr Gegenüber Ihnen noch einen Tipp für die Zukunft geben kann. Ob Sie etwas an Ihrem Angebot, an der Darstellung oder Ihrem Auftritt verbessern können. Was er sich zukünftig von Ihnen wünschen würde, um mit Ihnen ins Geschäft zu kommen. Bei diesem Telefonat macht der Ton die Musik: Freuen Sie sich, dass das Nein Ihres Gegenübers Ihnen die Chance gibt, zu lernen und Ihr Geschäft zu verbessern.

Motivationsstörungen im finanziellen Bereich

Fast ein Drittel aller selbstständigen Trainer, Berater und Coachs haben ein zu versteuerndes Einkommen von weniger als 30.000 Euro im Jahr. Und das ist eindeutig zu wenig. Kein Wunder also, wenn so viele Klagen den finanziellen Bereich betreffen. Vor allem, weil ein zu geringes Einkommen eine existenzielle Bedrohung ist. Andererseits beklagen sich viele Trainer im Coaching über finanzielle Themen – und verdienen doch gut oder sogar sehr gut. Es gilt hier also zu unterscheiden, ob es „nur" um eine Motivationsstörung oder um ein Grundthema geht.

Wenn Ihr zu versteuerndes Einkommen drei Jahre nach dem Start in die Selbstständigkeit nicht mindestens das 1,7-Fache eines angestellten Kollegen erreicht, haben Sie ein existenzielles Problem. Denn dann können Sie weder Reserven für schwierige Zeiten noch Rücklagen fürs Alter aufbauen. In dem Fall sollten Sie unbedingt das gesamte Buch durcharbeiten und in den nächsten sechs Monaten umsetzen.

Falls Ihre Zahlen sich nicht binnen dieser Zeit deutlich verbessern, suchen Sie sich professionelle Unterstützung und Rat. Beratung und Coaching für Trainer wird je nach Situation und Programm mit zwischen 30 Prozent und 90 Prozent bezuschusst. Weitere Hinweise zu Förderungen für Trainer finden Sie unter

→ www.akademie-fuer-geschaeftserfolg.de/foerdermittel-fuer-trainer.html

---

„Wieso verdienen die anderen viel mehr Geld als ich?"

Die Frage ist berechtigt. Denn nach unserer Erfahrung sind es nicht immer die besten Trainer, die am meisten Geld verdienen, sondern diejenigen, welche sich am besten vermarkten. Und noch besser verdienen Trainer, die auch Honorarverhandlungen souverän meistern. Diese Erfahrungen werden auch von Nadine Hamburger in ihrer Untersuchung „Was Deutschlands Trainer bewegt" bestätigt. Sie stellt fest, dass Trainer, denen Honorarverhandlungen leichtfallen, einen im Schnitt um 34 Prozent höheren Tagessatz durchsetzen können.

Wo Sie ansetzen können:
- **Investieren Sie in Ihre Verhandlungskompetenz.** Wenn es ein Training gibt, das sich nach Angaben der Teilnehmer binnen kürzester Zeit auszahlt, dann ist es das Training „Erfolgreiche Preisverhandlungen". Schon eine einzige Idee, ein einziges Aha-Erlebnis, reicht aus, um zukünftig mehr Geld zu verdienen. Kümmern Sie sich also um Ihre Verhandlungskompetenz. Viele Hinweise finden Sie im Kapitel 4 zum finanziellen Erfolg. Wenn das nicht reicht, lesen Sie unseren ebenfalls bei Cornelsen erschienenen „Crashkurs: Honorargestaltung und Preisverhandlung". Denn solange Sie selbstständiger Trainer bleiben, werden Sie Ihre Honorare gestalten und verhandeln müssen.
- **Glauben Sie nicht alles, was Sie hören.** Der Trainingsmarkt ist äußerst undurchsichtig. Und Sie sollten nicht alle Tagessätze glauben, von denen Sie hören oder lesen. Für manche Toptrainer gehört ein hoher Tagessatz zur Positionierung – auch wenn er ihn nicht immer oder gar nur äußerst selten durchsetzen kann. Und in persönlichen Gesprächen hören Sie je nach Gegenüber entweder nur die besonders schlechten Tagessätze, wenn Ihr Gesprächspartner in Jammer-Haltung ist, oder aber Sie hören nur von seinen höchsten Tagessätzen, wenn er es denn mal geschafft hat, einen solchen durchzusetzen. Ein offenes, ehrliches Gespräch über die real erzielten Honorare findet nur selten statt. Und selbst dann muss man die jeweiligen Ausgangssituationen und die Anforderungen an das Training genau vergleichen.
- **Differenzieren Sie Ihre Tagessätze.** Erfahrene Trainer arbeiten mit unterschiedlichen Honoraren je nach Kunde und Art des Trainings. Der Nürnberger Trainer Peter Flume beispielsweise trainiert für 2.800 Euro pro Trag, aber 30 Tage im Jahr auch für die Haufe Akademie zu einem weitaus niedrigeren Stundensatz – denn er

weiß, die Grundauslastung gibt ihm ein sicheres Einkommen und es ist ein standardisiertes Training, bei dem er nur wenig vor- und nachbereiten muss. So machen es viele Trainer – aber die meisten schweigen darüber. Weitere Hinweise hierzu finden Sie im Kapitel 4.

- **Positionieren Sie sich als Experte.** Marktauftritt, Positionierung und Tagessatz stehen in einer direkten Beziehung. Das liegt daran, dass die Kunden von Ihrem Marktauftritt, Ihrer Internetseite und der Art, wie Sie sich darstellen, auf Ihre Kompetenzen schließen. Denn Trainings sind Dienstleistung. Qualität und Wert von Dienstleistungen können aber vor der Leistungserbringung nur schwer gemessen werden. Deshalb sucht Ihr Kunde nach Ersatzindikatoren, anhand derer er „prüfen" kann, ob Ihr Tagessatz „angemessen" ist. Je professioneller Ihr Marktauftritt, desto höhere Preise können Sie erzielen.

„Schon wieder so einer: Porsche fahren, aber an dem Geld für Trainings sparen."

Immer wieder hören wir solche oder vergleichbare Aussagen. Die Frustration kann zwei unterschiedliche Ursachen haben: Manche Trainer sind frustriert, dass der Kunde den eigentlichen Wert des Trainings nicht erkennt. Bei anderen Trainern ist es mehr der Neidfaktor, der zu Frustration führt. Verständlich, denn wer als selbstständiger Trainer permanent unterwegs ist und auch an den Wochenenden trainiert, möchte auch gut bezahlt werden und sich etwas leisten können.

Wo Sie ansetzen können:
- **Stellen Sie Nutzen und Mehrwert in den Mittelpunkt Ihrer Angebote.** Grundsätzlich gilt: Sie können Ihre Kunden nicht verändern. Das Verhalten Ihrer Kunden liegt außerhalb Ihrer Einflusssphäre. Wenn Ihr Kunde den Wert Ihrer Leistung nicht erkennt, überprüfen Sie Ihre Angebote und Ihre Nutzen-Argumentation. Die meisten Angebote, die wir zu Gesicht bekommen, fokussieren die vereinbarten Inhalte. Aber wenn ich Ihr Trainingsangebot mit dem eines anderen Trainers vergleiche und die Inhalte sind gleich, was kann ich dann noch vergleichen? Nur den Preis.

  Ihre Aufgabe ist es deshalb, nicht die Inhalte und nicht den Preis, sondern den Nutzen und vor allem den Mehrwert in den Vordergrund zu stellen. Den Mehrwert, den dieser Kunde bei Ihnen und nur bei Ihnen erhält. Beispiele für besonders erfolgreiche Nutzendarstellungen finden Sie im Kapitel 5.5 „Schnell, einfach und wirksam: Die Ein-Seiten-Methode".

- **Suchen Sie sich Kunden aus, die zu Ihnen passen.** Wenn Sie feststellen, dass bestimmte Kunden Ihnen keine ausreichende Wertschätzung entgegenbringen oder gar respektlos sind, dann verzichten Sie auf diese Kunden. Und zwar so schnell es geht. Denn solche Kunden rauben Ihnen Kraft und beschäftigen Sie nicht nur im Training, sondern davor und oft auch noch lange danach. Sollten Sie im Moment finanziell auf diese Trainings angewiesen sein, machen Sie sofort einen Plan, um neue, respektvollere und zu Ihnen passende Kunden zu gewinnen.

- **Akzeptieren Sie Kunden so, wie sie sind.** Das ist der schwierigste Ratschlag. Lassen Sie doch Ihre Kunden entscheiden, wofür sie ihr Geld ausgeben. Wenn jemand Porsche fahren möchte, ist das sein Problem. Und wenn er nicht bereit ist, in seine Mitarbeiter zu investieren, dann ist das seine Entscheidung. Wenn Ihr Gegenüber ein Unternehmer ist, dann wird er mit den Konsequenzen leben müssen. Und ist Ihr Gegenüber ein Angestellter, dann wird er möglicherweise genau dafür bezahlt: zu sparen.

  Nicht Sie haben zu entscheiden, ob er seinen Job richtig macht. Ihre einzige Aufgabe ist, zu entscheiden, ob Sie zu den Konditionen arbeiten möchten oder nicht. Und wenn nicht, dann projizieren Sie nicht Ihre Unzufriedenheit mit Ihrer Vertriebsleistung auf Ihr Gegenüber. Bringen Sie Ihrem Gegenüber ein Minimum an Respekt entgegen. Immer wieder machen wir die Erfahrung, dass ein Trainer, der bereit und in der Lage ist, in solchen Situationen seinen Ärger über sein Gegenüber und den scheinbar verlorenen Auftrag hintanzustellen, plötzlich doch noch den Auftrag bekommt. Und das zu besseren Konditionen.

„Ich trainiere für einen Hungerlohn! Mein Training ist hochkarätig, der Kunde ist begeistert, aber das meiste Geld bekommt das vermittelnde Institut."

Auch hier gilt: Nicht Sie haben zu entscheiden, zu welchem Preis das Institut Ihr Training anbietet. Sie müssen entscheiden, ob Sie das Training zu diesen Konditionen annehmen. Doch bevor Sie sich entscheiden, sollten Sie prüfen, inwieweit die Bezahlung des Instituts oder des Vermittlers für Sie angemessen ist.

Was Sie berücksichtigen sollten:
- **Überlegen Sie, wie viel Ihnen ein Neukunde wert ist.** Haben Sie schon mal ermittelt, wie viel ein Firmenkunde für Sie wirklich wert ist? Angenommen, er bucht bei Ihnen zwölf Trainingstage im Jahr und arbeitet fünf Jahre mit Ihnen zusammen, dann sind das 60 Trainingstage. Bei einem Satz von 1.400 Euro entspricht das 84.000 Euro. Wie viel sind Sie bereit, für diesen Umsatz zu investieren?

  Wenn Sie eine Agentur beauftragen, für Sie mit einer Kampagne einen solchen Kunden zu gewinnen, kann Sie das leicht 10.000 Euro oder mehr kosten. Dazu kommt noch Ihre persönliche Zeit. Und das Risiko, dass die gesamte Kampagne verpufft. Im Durchschnitt werden im Trainingsbereich 25 Prozent des Umsatzes für Marketing und Vertrieb kalkuliert. Weitere 30 Prozent des Umsatzes müssen Sie für laufende Kosten, Verwaltung, Buchhaltung, Steuern und einen angemessenen Gewinn einrechnen. Das heißt, für das eigentliche Training bleiben gerade mal 45 Prozent übrig. Ausgehend von den genannten Zahlen entspricht das einem Tagessatz von 630 Euro. Damit lägen Sie also gar nicht so schlecht, wenn Sie sich dafür weder um Marketing noch um Vertrieb, um Preisverhandlungen, Buchhaltung oder Steuern kümmern müssen.

- **Entscheiden Sie, ob Sie Ihre Kunden selbst gewinnen möchten und können.** 37.800 Euro für 60 Trainingstage. Ist das ein gutes Geschäft? Das kommt darauf an. Ein gutes Geschäft ist es für den, der gerne trainieren mag, sich aber nicht um Verkauf und Marketing kümmern möchte. Oder für den, der frisch in den Markt eingestiegen ist und zu Anfang vor allem eines braucht: Umsatz, Umsatz, Umsatz. Wenn Sie sich wirklich aufs Training und vor allem auf standardisierte Trainings konzentrieren, dann haben Sie auf diese Art den Kopf frei. Sie können bis zu 140 Tagen trainieren und auf knapp 90.000 Euro kommen.

  Wenn Sie stattdessen direkt akquirieren, werden Sie als Einzelkämpfer vermutlich mit einem etwas niedrigeren Tagessatz vorliebnehmen müssen. Nehmen wir an, Sie setzen 1.200 Euro durch – und schaffen es, pro Jahr 100 Trainingstage zu verkaufen. Dann erzielen Sie einen Umsatz von 120.000 Euro – aber wenn wir 25 Prozent Marketingaufwendungen abziehen, kommen Sie auf das gleiche Ergebnis.

- Stabilisieren Sie Ihr Geschäft durch eine Kombination. Unsere Empfehlung: Wenn Sie Vollzeittrainer sind und als Selbstständiger davon leben und ggf. noch eine Familie ernähren müssen, gehen Sie auf Nummer sicher. Solange Sie noch kein perfektes Vertriebssystem und ausreichend Bestandskunden haben, **sollten Sie direkte Kunden und die Gewinnung von Kunden über Dritte kombinieren**. Die Vermittlung von Geschäft über Dritte sorgt für eine höhere Auslastung und damit ein stabileres, entspanntes Arbeiten. Voraussetzung ist allerdings, dass Sie sich nicht durch zu viele Trainingstage in Kombination mit unbefriedigender Bezahlung auslaugen.

- **Nutzen Sie die entstehenden Kontakte.** Die Erfahrung zeigt, dass Sie auch in Trainings über dritte Anbieter persönliche Beziehungen knüpfen, die teilweise über Jahre halten. Natürlich dürfen Sie in der Regel aufgrund der Kundenschutzklausel bei diesem Kunden keine eigenen Seminare anbieten. Aber im Laufe der Jahre wechseln Ihre Kontakte zu anderen Firmen, und wenn Sie Ihre Beziehungen gepflegt haben, sind Sie dann im Direktgeschäft.

- **Sonderform „offenes Training".** Bei offenen Trainings sind die Kalkulation und die Bezahlung des Trainers noch viel spannender. Denn ob mit dem Training Geld verdient oder verloren wird, entscheidet sich fast nur über das Marketing. Angenommen, das Training findet ab acht Teilnehmern statt und mit der Anzahl sind auch die Nebenkosten für die Räume etc. abgedeckt. Jeder weitere Teilnehmer ist sozusagen „bares Geld". D.h., wenn man 500 Euro in die Kundengewinnung investiert und der neunte Teilnehmer 600 Euro zahlt, bleiben noch 100 Euro übrig. Der Trainer möchte natürlich auch von diesem Umsatz „seine" 45 Prozent. Für den Anbieter ein schlechtes Geschäft, oder? Deshalb bezahlen viele Anbieter ihren Trainern einen festen Betrag pro Training.

Andererseits bedeutet ein festes Honorar auch: Wenn der Anbieter eine starke Marktposition hat, verkauft er möglicherweise ohne zusätzlichen Aufwand nicht acht, sondern 18 Plätze. Das sind 6.000 Euro Zusatzumsatz – für den Anbieter, nicht aber für den Trainer. Obwohl ein Training mit 18 Teilnehmern sicher anstrengender ist als ein Training mit acht Teilnehmern. Wenn Sie solche Erlebnisse mit offenen Trainings frustrieren, sollten Sie mit Ihrem Anbieter über eine teilnehmerabhängige Bezahlung verhandeln.

3.3.2 Die zwölf besten Tipps, um sich als Trainer selbst zu motivieren

Die Wahrscheinlichkeit, dass Sie als selbstständiger Trainer mit frustrierenden Situationen und Feedbacks konfrontiert werden, ist relativ hoch. Auch wenn Sie es vielleicht jetzt noch nicht bemerken, viele kleine Tropfen höhlen den Stein, und wenn er dann zusammenbricht, ist es zu spät.

Schaffen Sie sich deshalb einen Rahmen und eine Kultur der Selbstanerkennung und Motivation.

Dazu braucht es nicht viel, nur den Willen und die Bereitschaft, es mindestens einmal für einen Monat konsequent anzuwenden. Wir haben Ihnen dafür zwölf einfache und bewährte Werkzeuge zusammengestellt. Picken Sie sich aber nicht nur die Werkzeuge heraus, die Sie besonders ansprechen. Schauen Sie sich vor allem gerade die Methoden an, welche Sie auf Anhieb abschrecken. Denn genau da könnte Ihr blinder Fleck liegen. Vielen Trainern ist beispielsweise das so genannte Selbstlob suspekt – aber wer nicht gelernt hat, seine eigenen Leistungen objektiv anzuerkennen, dem fehlt ein gesunder Ausgleich zu den Dingen, die nicht funktionieren.

Versachlichen Sie Ihre Sicht auf Ihr Geschäft

Eine zentrale Ursache für Frustrationen ist die Angewohnheit, Schuldzuweisungen vorzunehmen. Die meisten Menschen haben von Kind auf gelernt, die Schuldfrage zu klären, wenn etwas nicht funktioniert. „Wer ist schuld?" wird damit wichtiger als die Frage „Was ist nun zu tun?" oder „Wie bringen wir es jetzt zum Laufen?". Schlimmer noch, es wird von einem Sachthema zu einer persönlichen Sache. Und führt schlimmstenfalls zu endlosen Diskussionen über Schuld oder Unschuld – wie viel Potenzial an vergeudeter Energie und verlorener Zeit!

Grundsätzlich haben Sie drei Möglichkeiten, mit Misserfolgen umzugehen:

1. Sie nutzen ein exogenes Erklärungsmodell

Vielleicht ist Ihnen diese Geisteshaltung schon mal bei einem mittelständischen Unternehmer begegnet. Sie erkennen das **exogene Erklärungsmodell daran,**

dass der Sprecher immer die Schuld mit einem anderen verbindet und gedanklich oder real mit dem Finger auf diesen zeigt:

- „Die Gewerkschaften sind schuld!"
- „Der Staat / die Regierung / das Finanzamt ist schuld!"
- „Schuld sind nur die Nebenberufler / Freiberufler / Polen / Chinesen / Griechen …!"
- „Schuld sind die Mautgebühren, die Benzinpreise, die Dumpingpreise …"
- „Schuld ist die Konkurrenz, das Internet, die Marktentwicklung …"

Das exogene Erklärungsmodell hat einen einzigen Vorteil: Die gefühlte Psycho-Hygiene, denn für den Nutzer gilt ja: Er ist unschuldig!

Für Selbstständige birgt das exogene Erklärungsmodell allerdings zwei große Gefahren. Die eigentliche Aufgabe, nämlich den aufgetretenen Missstand zu beheben, gerät in den Hintergrund. Und da der Selbstständige den Schuldigen ja nicht belangen kann, muss er sich auch nicht um die Behebung des Missstandes kümmern. Und noch gravierender, wird die exogene Schuldzuweisung direkt ausgesprochen, führt das im Zweifel sogar zum Abbruch der Kundenbeziehung.

Ein Trainer stellt beispielsweise erst im Training fest, dass die Teilnehmer einen ganz anderen Kenntnisstand haben als erwartet. Für ihn ist klar: „Das hätte mir mein Auftraggeber doch sagen müssen. Der ist schuld, dass ich mich so blamiert habe!" Wir können nur hoffen, dass der Trainer nicht gerade mit dieser Einstellung und in dieser Stimmung seinen Ansprechpartner anruft …

2. Sie nutzen ein endogenes Erklärungsmodell

Beim endogenen Erklärungsmodell geht es darum, dass der Nutzer die Schuld immer bei sich selbst sieht. Egal, was passiert ist: Er ist schuld. Auch diese geistige Haltung ist leicht zu erkennen. Wer ein **endogenes Erklärungsmodell** bevorzugt, für den ist klar: **Schuld ist er immer selbst.** Deshalb erkennen Sie ihn daran, dass er immer mit dem Finger auf sich zeigt und dazu noch im Konjunktiv spricht:

- „Ich bin schuld! Ich hätte vor dem Training mit dem Auftraggeber …"
- „Ich weiß, dass der Preis zu niedrig ist. Ich hätte da besser verhandeln müssen."
- „Anbei die Trainingsunterlagen. Sie sind nicht ganz aktuell, ich bin nicht dazu gekommen / mir fehlte die Zeit …"
- „Eigentlich käme jetzt noch die Feedback-Runde. Aber ich habe mich in der Zeit vertan."

Das endogene Erklärungsmodell bietet einen Vorteil: Mein Gegenüber sieht, dass ich zu meinen Fehlern stehe. Ich signalisiere damit, dass ich die Verantwortung übernehme. Aber meistens geht es im Trainingsgeschäft nicht um Politik, sondern um Ergebnisse. Wenn etwas schiefgelaufen ist, möchte der Auftraggeber zuallererst wissen, ob die Ergebnisse erreicht wurden. Und wenn nicht, wie Sie gedenken, dennoch die Ergebnisse zu erreichen – und bis wann.

Aber das endogene Erklärungsmodell hat einen großen Nachteil: Dadurch, dass der Anwender jeden Fehler, jeden Misserfolg und jedes Problem auf sich bezieht, zieht er sich buchstäblich immer weiter nach unten. Er spielt sozusagen einen umgekehrten Münchhausen und drückt sich immer weiter in den Schlamm. Wen wundert es, wenn ein solcher Trainer immer frustrierter wird. Und seine Mundwinkel irgendwann so weit unten sind, dass niemand mehr mit ihm trainieren möchte – wenn er nicht schon vorher sein Geschäft aufgibt.

Außerdem lenkt auch das endogene Erklärungsmodell vom eigentlichen Thema ab. Denn mit der Beantwortung der Schuldfrage ist noch lange keine Besserung in Sicht. Jemand hat zwar die Verantwortung für die Verursachung des Problems übernommen, gelöst ist es damit noch nicht.

3. Sie versachlichen Ihr Geschäft

Die unternehmerische Einstellung, wenn etwas nicht funktioniert, sieht ganz anders aus: „Das hat nicht funktioniert. Also gut, wie bringe ich die Sache zum Funktionieren?" Denn als Unternehmer ist es Ihre Aufgabe, immer wieder einen Schritt zurückzutreten und Ihr **Geschäft von außen zu betrachten**. Oder, wie es Michael Gerber so treffend formuliert hat: „Arbeiten Sie an Ihrem Geschäft, nicht in Ihrem Geschäft." (Gerber, 2002)

Ihre Aufgabe ist es nicht, die Schuldfrage zu klären, sondern herauszufinden, was funktioniert und was nicht funktioniert. Und dann anschließend abzustellen, was nicht funktioniert und auszuweiten, was funktioniert.

Folgende Übung hilft Ihnen bei der Versachlichung Ihres Geschäfts:

Übung
Um sich von der persönlichen Betroffenheit zu lösen und auf die Sachebene zu wechseln, hilft es oft, sich bei der Analyse anfangs strikt an folgende Formulierungen zu halten:
Erster Schritt: „Mein Ziel ist es …" Formulieren Sie zuerst Ihr Ziel. Konkret und so klar wie möglich. Je genauer Sie sich darüber im Klaren sind, was Sie wollen, desto konkreter können Sie anschließend Ihr Geschäft verbessern.
Zweiter Schritt: „Es hat funktioniert, dass …" Formulieren Sie, was schon funktioniert. Genauer, was Sie getan haben, damit es funktioniert. Lassen Sie diesen Schritt nicht aus. Er ist wichtig. Einerseits erkennen Sie

damit Ihre bisherigen Leistungen in dieser Sache an. Und übernehmen damit die Verantwortung. Und andererseits bildet er die Basis für Ihre Optimierungen.

Dritter Schritt: „Es hat nicht funktioniert, dass ..."

Formulieren Sie nun genau, was Sie getan oder unterlassen haben. Denn nur Ihr eigenes Tun können Sie verändern. Eine Formulierung wie: „Es hat nicht funktioniert, dass mein Kunde den höheren Tagessatz akzeptiert hat", ist wirkungslos. Denn Ihren Kunden können Sie nicht verändern. Formulieren Sie stattdessen beispielsweise: „Es hat nicht funktioniert, dass ich mit meinen Argumenten den höheren Tagessatz durchsetzen konnte."

Aber das ist immer noch eine recht allgemeine Formulierung. Je genauer Sie eingrenzen, was nicht geklappt hat, desto näher kommen Sie häufig einer Lösung. Also probieren wir es in dem Beispiel noch einmal: „Es hat nicht funktioniert, dass ich auf die Argumente meines Kunden die richtigen Antworten hatte."

Aha, das ist konkret. Jetzt kann ich handeln. Ich nehme mir die Argumente meines Kunden nochmals einzeln vor und erarbeite dafür konkrete Antworten. Und genau darum geht es im vierten Schritt:

Vierter Schritt: „Damit es zukünftig noch besser funktioniert, werde ich Folgendes tun ..."

1. Ich werde bis zum _____ .... tun.
2. Ich werde bis zum _____ .... tun.
3. Ich werde zukünftig immer ....

Finden Sie heraus, was Sie tun können, damit Ihr Unternehmen zukünftig besser funktioniert. Und verpflichten Sie sich dann, bis zu einem bestimmten Termin diese Verbesserungen auch umzusetzen. In unserem Beispiel könnte das sein:

1. Ich erstelle sofort eine Liste der Kundenargumente.
2. Ich werde bis zum Freitag für jedes Argument mindestens zwei gute Antworten formulieren.
3. Ich werde mich zukünftig vor jeder Honorarverhandlung in die Rolle meines Gegenübers versetzen und vorab eine Liste möglicher Einwände erstellen.

Fokussieren: Schauen Sie auf das, was funktioniert

Es klingt zu einfach, um wahr zu sein, aber es stimmt: **Fokussieren Sie sich auf das, was funktioniert.** Stellen Sie sich vor, Sie fahren nachts mit dem Auto. Ihnen kommt ein Auto entgegen. Sie schauen auf die Scheinwerfer. Und fast automatisch folgen Ihre Hände auf dem Lenkrad Ihren Augen. Genauso ist es mit Ihren Gedanken. Was Sie fokussieren, wird wachsen. Schauen Sie deshalb in Ihrem Geschäft auf das, was funktioniert.

Das bedeutet nicht, Misserfolge und Probleme zu verdrängen. Sondern ihnen nicht mehr Zeit und Raum zu gestatten, als ihnen zustehen. Das hat nichts mit Optimismus oder Pessimismus zu tun. Sondern es geht um eine effiziente Arbeit. In der Zeit, in der wir uns damit beschäftigen, was nicht so läuft, wie wir es uns vorstellen, läuft uns die Zeit davon. Wir verlieren genau die Zeit, die wir benötigen, um den Missstand abzustellen. Wer jammert, festigt eine negative Stimmung. Und er gibt das Heft des Handelns aus der Hand. Wer jammert, sieht sich als fremdbestimmt. Unternehmer dagegen gehen ihr Geschäft aktiv an.

Stellen Sie sich vor, Sie würden mit drei rohen Eiern jonglierend voranschreiten. Zwei Eier fallen Ihnen dabei herunter. Nicht-Unternehmer drehen sich nun betroffen um und schauen auf die beiden zerbrochenen Eier. Möglicherweise beginnen sie sogar, darüber zu jammern. Was aber passiert in der Zwischenzeit? Das letzte Ei fällt ebenfalls herab und zerschellt. Erfolgreiche Unternehmer werfen nur einen kurzen Blick zurück, stellen fest, dass etwas nicht funktioniert hat. Nun konzentrieren sie sich darauf, herauszufinden, wie es besser geht. Und während sie das tun, setzen sie ihren Marsch fort. Und sobald sie herausgefunden haben, wie es besser geht, holen sie wieder neue Eier dazu und jonglieren. Höher. Weiter. Erfolgreicher.

Wertschätzung: Trainieren und üben Sie Anerkennungsrunden

Eine der wichtigsten Fähigkeiten, um **Menschen zu motivieren**, ist die **Wertschätzung**. Wie oft sagen wir unserem Gegenüber, was uns nicht gefällt, was schiefläuft, was er ändern soll. Wie oft hören wir selbst ein „Nein", ein „So nicht". Und wie selten bekommen und geben wir wertschätzende Rückmeldungen. Dabei weiß fast jeder Trainer, ein wie starker Hebel die Anerkennung ist, und erlebt, wie Teilnehmer aufblühen, wenn sie merken, dass man sie wertschätzt. Wenn man ihnen als Trainer eine Anerkennung ausspricht.

Doch was für unsere Teilnehmer gilt, gilt auch und noch viel mehr für uns selbst. Als Selbstständiger sind wir für unser Tun und Lassen verantwortlich. Das bedeutet, jeder Fehlgriff, jeder Fehler und jede Unterlassung landet sofort bei uns. Wir haben und übernehmen die Verantwortung. Auch für unsere Angestellten und Subunternehmer. Im Training stehen wir dann sogar noch ganz vorne im Rampenlicht, mitten auf der Bühne, sozusagen unter einem Vergrößerungsglas. Jede Geste, jeder Schritt und jeder Satz werden von unseren Teilnehmern genau beobachtet. Und in jedem Training gibt es Menschen, die meinen, uns widersprechen, korrigieren und/ oder verbessern zu müssen.

Kein Wunder, wenn wir irgendwann frustriert sind. Denn **jede negative Rückmeldung kostet Kraft**. Bei Mitarbeitern ist es klar: Da zeigt die Statistik, dass sie Tage brauchen, bis sie nach einer heftigen negativen Rückmeldung wieder zur alten

Produktivität zurückkehren. Als Selbstständiger können wir uns das nicht erlauben: „The show must go on."

Sie können negative Rückmeldungen nicht vermeiden. Aber Sie können Ihren Fokus verändern. Konzentrieren Sie sich auf die Anerkennung von dem, was funktioniert. Und gewöhnen Sie es sich an, besondere Leistungen nicht nur zu sehen, sondern dazu auch eine Anerkennung auszusprechen. Nicht nur gegenüber Ihren Mitmenschen und Teilnehmern, sondern vor allem auch gegenüber sich selbst.

Die wichtigste Voraussetzung dafür ist, **zwischen Lob und Anerkennung zu differenzieren**. Unter Lob verstehen wir Allgemeinplätze und Floskeln wie „Gut gemacht", die universell einsetzbar und austauschbar sind. Damit ist ein Lob relativ nichtssagend und wird vom Gegenüber oft auch nur als Floskel verstanden. Darüber hinaus kommt Lob ursprünglich aus einer Hierarchie heraus: Es wird von oben nach unten gelobt. Es steht dem Lehrling nicht an, seinen Chef zu loben. Und damit kann es mir passieren, dass mein gut gemeintes Lob missverstanden wird – für meinen Gesprächspartner wirkt es so, als stellte ich mich über ihn.

Anerkennung dagegen wird auf Augenhöhe gegeben. Eine Anerkennung bezieht sich immer auf das Handeln einer bestimmten Person in einer konkreten Situation. Das ist zwar wesentlich aufwändiger, als einer Teilnehmergruppe zu sagen: „Sie waren ein tolles Publikum", aber auch viel wirkungsvoller.

Probieren Sie es aus. Notieren Sie sich während eines Trainings konkrete Handlungen Ihrer Teilnehmer. Und sprechen Sie dann für diese Handlungen eine konkrete Anerkennung aus. Sie werden sehen, wie Teilnehmer für Teilnehmer aufblüht. Beispielsweise, wenn Sie eine schlagfertige Antwort aus einem Rollenspiel hervorheben. Wichtig ist dabei: Wenn Sie beginnen, Anerkennungen auszusprechen, schließen Sie niemanden aus.

Um das sicherzustellen, wenden Sie die **Methode der „Anerkennungsrunde"** an, die im Folgenden vorgestellt wird:

Übung: Anerkennungsrunde

Heben Sie zuerst die Bedeutung von Anerkennung hervor und erläutern Sie den Unterschied zwischen Lob und Anerkennung. Stellen Sie sich dann zusammen mit den Teilnehmern in einem Kreis auf.
Nun erhält jeder Teilnehmer reihum zwei Aufgaben:

Die erste Aufgabe ist, sich selbst gegenüber eine Anerkennung für etwas auszusprechen, was er selbst konkret getan hat. Und zwar mit den Worten:
„Ich erkenne mich dafür an, dass ich heute …"

Die zweite Aufgabe ist es, einem anderen Teilnehmer gegenüber eine Anerkennung auszusprechen, und zwar mit den Worten:

„Ich erkenne _____ dafür an, dass er/sie heute …"

Wenn Sie die Anerkennungsrunde im Training einsetzen, schließen Sie vorab Anerkennungen an Sie als Trainer aus. Es geht nicht darum, dass Sie sich Bestätigung einholen, sondern darum, dass Ihre Teilnehmer die Kraft der Anerkennung spüren. Und dass sie ihren Fokus verändern. Weg vom „Was hat nicht funktioniert" und hin zum Thema Wertschätzung.

Nutzen Sie die Macht der Anerkennung auch für sich selbst.

Da es um konkrete Situationen geht, die Sie erfolgreich bewältigt haben, ist diese Form der Anerkennung kein Eigenlob, sondern eine positive Verstärkung erfolgreicher Handlungsmuster. Und das wiederum ist eine zentrale Aufgabe von Unternehmern und Führungskräften.

Selbsterkenntnis: Gestalten Sie Ihre Umwelt nach Ihren Anforderungen

Die meisten Trainer für Soft Skills kennen eine oder mehrere Typologien, d.h. Systeme, die es erlauben sollen, Menschen nach unterschiedlichen Vorlieben und Verhaltensformen einzuschätzen. Dabei ist es für uns an dieser Stelle unerheblich, ob Sie der Typologie nach Jung oder dem MBTI, dem DISG, dem Inside Discovery, dem TMS oder dem Enneagramm den Vorzug geben. Es gibt hunderte von unterschiedlichen Typologien und jeder Trainer mag für sich entscheiden, ob er persönlich mit einer davon arbeiten möchte und welche er dann auswählt.

Was aber für Ihre Selbstmotivation wichtig ist: **Finden Sie heraus, was Sie bevorzugen, was Ihnen leichtfällt und was nicht.** Ob Sie lieber mit anderen Menschen zusammenarbeiten oder allein. Ob Sie lieber Neues entwickeln, kommunizieren, testen und verfeinern oder Bewährtes trainieren.

Denn wenn Sie wissen, was Ihnen leichtfällt, können Sie Ihre Arbeitsumgebung danach gestalten. Gegen den Strom zu schwimmen, ist anstrengend. Und wenn Sie feststellen, dass Sie ein Einzelkämpfer sind, der während seiner Analysen und Geschäftsentwicklungen möglichst nicht angesprochen werden möchte, macht eine Bürogemeinschaft wenig Sinn. Umgekehrt fallen bei vielen extrovertierten Trainern binnen weniger Monate nach der Gründung Motivation und Leistungsbereitschaft auf einen Tiefpunkt, wenn sie allein leben, im Home-Office arbeiten und zu Beginn nur wenig Trainingstage verkaufen.

Als Ihr eigener Chef ist es Ihre Pflicht, eine Umgebung zu schaffen, in der Sie möglichst produktiv und erfolgreich sind. Das bedeutet, dass Sie einen Schreibtisch anschaffen dürfen, an dem Ihnen das Arbeiten Spaß macht. Wenn Sie als Trainer viel unterwegs sind, statten Sie sich so aus, dass Sie Ihre Reisen genießen können und freudig motiviert bei Ihren Kunden eintreffen.

Und genauso ist es Ihre Pflicht, nach Ihren inneren Bedürfnissen zu schauen. Wenn Sie erst in anregenden Gesprächen zur Höchstform auflaufen, brauchen Sie dafür ein Gegenüber. Entweder schaffen Sie sich die Möglichkeit, in Ihrem Büro im Team zu arbeiten, oder Sie suchen sich eine Arbeitsumgebung, die Ihnen anderweitig Austausch bietet. Sei es in einem Café, einem Netzwerktreff, einer Bürogemeinschaft oder einem Technologiezentrum. Ansonsten werden Sie als nach außen orientierter Mensch in Ihrem Home-Office ohne fremde Ansprache untergehen, Energie und Leistungsbereitschaft verlieren und ständig ans Aufgeben denken.

Sind Sie dagegen nach innen orientiert, dann sind Ihre eigenen Gedanken und Erfahrungen Ihr größter Reichtum. Ein ständiges Abstimmen, Absprechen und Kommunizieren mit anderen ist für Sie viel zu anstrengend. Das bedeutet für Sie als Trainer, dass Sie sich Auszeiten schaffen müssen. Auszeiten zwischen den Trainings, in denen Sie bei den Teilnehmern sind, und Ihren Familienzeiten, in denen Sie in ständiger Verbindung mit Ihrem Lebensgefährten, Ihren Kindern und Freunden stehen. Als nach innen orientierter Mensch kostet Sie die Kommunikation mit anderen Menschen viel Kraft. Wenn Sie also nicht dafür sorgen, dass Sie Ihre Batterien wieder aufladen – und das geht bei Ihnen nur, wenn Sie mit sich allein sind –, steuern Sie über kurz oder lang als Trainer geradewegs auf einen Burn-out zu.

An dieser Stelle ist nicht der Raum, um die vielen, vielen Unterschiede und Möglichkeiten aufzuzählen. Es liegt an Ihnen, herauszufinden, was Sie stärkt, was Ihnen Freude bereitet, was Ihnen leicht von der Hand geht und wo es hakt. Es gibt mehr als genug Instrumente und Methoden am Markt, um das herauszufinden. Und es liegt an Ihnen, die Ergebnisse nicht nur anzuschauen, sondern daraus konkrete Maßnahmen für Ihr Geschäft als Trainer und für Ihre persönliche Lebensqualität abzuleiten und umzusetzen.

Auszeiten: Bauen Sie sich Ihre persönliche Hängematte

Unter uns: Das Leben als selbstständiger Trainer ist zu intensiv, um sich nur im Urlaub zu entspannen. Denn selbst wenn Sie im Urlaub wirklich abschalten, kaum kehren Sie ins Tagesgeschäft zurück, ist die Erholung schnell dahin. Sie öffnen Ihren Briefkasten und schauen Ihre E-Mails an, führen die ersten Telefonate und spätestens, allerspätestens nach dem ersten Training ist der letzte Urlaub ganz weit weg – schlimmer noch, der nächste Urlaub ist noch viel weiter weg!

Beugen Sie deshalb der ständigen Abnutzung Ihrer Erholung vor. **Machen Sie Mini-Urlaube.** Reservieren Sie sich jeden Tag Ihre persönliche Viertelstunde. Das ist sozusagen Ihre persönliche Hängematte. Suchen Sie sich eine feste Uhrzeit, die Sie regelmäßig einhalten können – möglichst auch in den Trainings. Beispielsweise direkt nach dem Mittagessen. Und nehmen Sie da Ihre persönliche tägliche Auszeit.

Besonders wirksam ist auch der so genannte Mini-Nap, ein fünf- bis zehnminütiger Mittagsschlaf. Suchen Sie sich dazu einen ungestörten Ort und machen Sie es sich bequem. Schließen Sie die Augen. Nehmen Sie einen Schlüsselbund in die Hand – wenn Sie sich so weit entspannen, dass Sie in den Schlaf hinübergleiten, öffnen sich Ihre Finger und das Geräusch der aufprallenden Schlüssel wird Sie wecken. Und Sie haben neue Kraft für die nächste Runde.

Als Trainer sind Sie viel und lange unterwegs. Wenn Sie dann erschöpft heimkommen, stürzt sich die ganze Familie auf Sie. Familienleben ist schön. Aber wenn man rund um die Uhr sieben Tage die Woche mit anderen Menschen zusammen ist, kommt die eigene Seele nicht zur Ruhe.

Suchen Sie deshalb auch am Wochenende für mindestens zwei Stunden eine **persönliche Rückzugsmöglichkeit**. Einen Ort und eine Zeit für sich, Ihr persönliches „My Time". Zwei Stunden, die Sie weder Ihrem Geschäft noch Ihrer Familie, Ihren Freunden, dem Verein oder Ihren Zielen widmen – sondern nur sich selbst. Egal, ob Sie gar nichts tun, einen Mittagsschlaf oder Saunabesuch machen, spielen, in der Sonne oder Badewanne liegen, meditieren, joggen oder tanzen. Wichtig ist vor allem, dass Sie für sich sind und sich sammeln und finden können. „My Time" ist Ihr persönlicher Rückzug, Ihre persönliche Belohnung und Ihre Brücke zum nächsten Urlaub.

Erfolgserlebnisse: Sammeln Sie Ihre Erfolge

Egal, wie gut Sie sind und wie toll alles funktioniert, irgendwann kommt der Moment, wo sich draußen vor dem Fenster die Wolken ballen, der Regen ans Fenster prasselt und gleichzeitig im Geschäft nichts funktioniert. Es gibt solche Tage: Hier eine Absage, da eine Terminverschiebung, das Geld von Fa. Müller ist noch nicht ein-gegangen und dann mahnt das Finanzamt noch die letzte Steuererklärung an.

Aber wie sagte Walter Kempowski: Das Wichtigste, wenn man am Boden liegt, ist es, wieder aufzustehen. Und dabei hilft Ihnen ein gutes altes Einweckglas. Das stellen Sie sich gut sichtbar auf oder neben Ihren Schreibtisch. In diesem Glas **sammeln Sie Ihre Erfolge**. Bei jedem besonders tollen Auftrag, jedem guten Geschäft, einer begeisterten Rückmeldung zu einem Training und einem besonders glücklichen Erlebnis konservieren Sie diese positive Erinnerung für schlechte Zeiten. Notieren Sie sich dazu das Besondere an diesem Moment, dieser Gelegenheit oder diesem Geschäft. Ergänzen Sie, warum Sie so stolz darauf sein können. Welche Schwierigkeiten Sie überwunden haben und natürlich auch, wie Sie es geschafft haben.

Und dann kommt wieder einer dieser Tage, wo etwas nicht klappt, wo wieder das Nein eines Interessenten kommt. Eines dieser 19 Neins, die man manchmal braucht, um endlich das begeisterte „Ja, ich will!" zu hören. Wenn Sie in den Spiegel schauen und sehen sich mit zusammengebissenen Zähnen oder herunterhängenden Mundwinkeln dasitzen, dann denken Sie daran: So kann man weder telefonieren noch sich unterhalten noch erfolgreich ein Geschäft führen.

In diesem Moment greifen Sie in Ihr Erfolgsglas, holen sich eines Ihrer Erfolgserlebnisse zurück, lesen, was Sie damals erreicht haben. Lassen Sie sich von diesen Momenten inspirieren. Das wirkt doppelt:

Sie versetzen sich in einen energiereichen, positiven Zustand und bekommen gleichzeitig wieder Ideen, wie Sie Ihr Geschäft, Ihr Leben oder den Vertrieb erfolgreicher gestalten können.

Kreativität: Neue Wege gehen

Wenn das Geschäft läuft und läuft und läuft und das Trainerdasein zur Gewohnheit wird, dann fällt es Menschen, die gerne Abwechslung haben, oft schwer, die Motivation zu halten.

Wenn es Ihnen auch so geht, **trainieren Sie deshalb zukünftig regelmäßig Ihre mentale Beweglichkeit**. Betreten Sie jede Woche einen Neu-Raum, z.B. so:

- Essen Sie ein ungewöhnliches Gericht.
- Lesen Sie ein klassisches Kinderbuch.
- Kaufen und lesen Sie eine Illustrierte für eine ganz andere Zielgruppe (wie wäre es mit: Frauen lesen Playboy, Männer lesen Freundin?).
- Setzen Sie sich in einem Restaurant zu Fremden **und** sprechen Sie Ihr Gegenüber an.
- Schreiben Sie einen Leserbrief.
- Fahren Sie auf einer Achterbahn.
- Besuchen Sie einmal das Tierheim und führen Sie einen Hund aus.
- Stellen Sie den Wecker auf 3.00 Uhr, fahren Sie raus aus der Stadt und staunen Sie über die Sternenpracht.

Visionen: Erstellen Sie Ihre persönliche Visionskarte

Visionen zu entwickeln, macht Spaß. Ziele daraus ableiten, ist schon anstrengender. Aber wenn dann der Alltag kommt, gerät die Vision ins Hintertreffen und ehe man sich versieht, ist wieder ein Monat vergangen und man ist seiner Vision keinen Schritt nähergekommen.

Lassen Sie das nicht zu. **Sorgen Sie dafür, dass Sie immer wieder an Ihre Vision erinnert werden.** Das richtet Sie nicht nur wieder neu aus, sondern gibt oft auch neue Kraft für den Alltag. Es gibt viele Möglichkeiten, wie Sie sich immer wieder neu an Ihre Vision erinnern lassen, hier einige Beispiele:

- Hängen Sie Ihre Visions-Collage gut sichtbar in Ihrem Büro auf.
- Fotografieren Sie Ihre Collage oder suchen Sie ein anderes Foto, welches Ihrer Vision entspricht. Verankern Sie das Foto als Desktop-Hintergrund oder Bildschirmschoner. Das funktioniert übrigens auch auf Ihrem Smartphone.
- Notieren Sie sich Ihre Vision auf einer leeren Visitenkarte. Auf die Rückseite notieren Sie Stichworte zu den drei wichtigsten Zielen. Stecken Sie diese Visions-Karte gut sichtbar in Ihre Geldbörse. Das ist Ihre persönliche Erinnerungskarte. Die bleibt so lange dort, bis Sie die Vision realisiert haben. Um eine Visions-Karte zu erstellen, benötigen Sie knapp fünf Minuten. Im Ergebnis haben Sie einen persönlichen „Knoten" in Ihrem Geldbeutel, der Sie für die nächsten Wochen bei der Stange hält. Zumindest so lange, bis Ihnen die Vision in Fleisch und Blut übergegangen ist.

Wohlwollen: Umgeben Sie sich mit wohlwollenden Menschen

Nach Watzlawick ist es nicht möglich, nicht zu kommunizieren. Das bedeutet: Jeder Mensch, der mit Ihnen zu tun hat, wirkt auf Sie ein. Er beeinflusst Ihre Gedanken und Ihr Verhalten.

Achten Sie deshalb darauf, mit wem Sie sich umgeben. **Suchen Sie die Nähe von wohlwollenden Menschen.** Suchen Sie die Nähe von Menschen, deren Werte Sie schätzen, die Sie respektieren und bei denen Sie sich wohlfühlen.

Fragen Sie sich deshalb bei Ihren Freunden, Kollegen, Subunternehmern, Interessenten, Kunden und bei neuen Kontakten, ob diese Ihre Sicht des Lebens teilen.

- Schätzen diese Menschen Selbstständige und die Selbstständigkeit?
- Schätzen diese Menschen Trainer?
- Teilen diese Menschen Ihre Sicht des Lebens?
- Geben diese Menschen ehrliches, wohlwollendes Feedback?
- Sind diese Menschen aufbauend, anerkennend und positiv?

Wenn Sie sich mit wohlwollenden Menschen umgeben, werden Sie feststellen, wie viel Kraft und Energie Sie aus einem solchen Umfeld ziehen und es nicht mehr missen wollen.

Gedanken-Hygiene: Waschen Sie sich regelmäßig den Kopf

Wen ständig negative Gedanken umtreiben, der wird zum Pessimisten. Oft wird das zu einer sich selbst erfüllenden Prophezeiung. Wer kauft denn schon gerne bei jammernden, frustrierten und depressiven Menschen?

Kunden kaufen bei Gewinnern. Das gilt – bis auf wenige Ausnahmen – ganz besonders für Trainer. Denn wer ein Training bucht, möchte etwas lernen, etwas verändern, etwas erreichen oder zusammengefasst: Die meisten Menschen möchten durch das Training erfolgreicher werden.

Der Trainer ist dabei sozusagen der Wegweiser zu dem gewünschten Erfolg. Und die meisten Menschen möchten lieber einen gut gelaunten, erfolgreichen

Wegweiser als jemanden, der nur Blut, Schweiß und Tränen verspricht und den Eindruck vermittelt, dass er sein eigenes Leben nicht im Griff hat.

So kommt es, dass das Leben liefert, was Sie bestellen. Pessimisten erhalten die schwierigeren Trainings, die anspruchsvolleren Teilnehmer und das geringere Honorar. Deshalb sind Pessimisten auch mit ihrem Leben wesentlich unzufriedener als Optimisten.

Zugegeben, es ist nicht gerade einfach, seine negativen Gedanken loszuwerden. Eine gute Methode ist es, sich einmal pro Woche den Kopf frei zu waschen. Stellen Sie sich bewusst unter die Dusche und waschen Sie alles ab, was Sie frustriert, ängstigt und sorgt. Duschen Sie so lange, bis Ihr Kopf frei wird. Übrigens: Das funktioniert auch, wenn Sie dazu ein Bad nehmen!

Reichtum: Belohnen Sie sich selbst

Eine Form der Anerkennung und der Selbstmotivation ist die klassische **Belohnung.** Da Sie keinen Chef haben, der Sie belohnt, müssen Sie das schon selbst erledigen. Haben Sie sich also beispielsweise vorgenommen, diese Woche mindestens 20 Personalleiter zu kontaktieren, und das dann auch trotz aller inneren und äußeren Widerstände erreicht, ist es Zeit für eine Belohnung.

Das kann ein Buch, ein Video, ein Essen zu zweit oder ein Wellness-Abend in der Sauna sein. Auch Blumen, Kopfhörer oder eine neue Tasche sind erlaubt. Seien Sie erfinderisch und überraschen Sie sich selbst.

Kraft und Energie: Füllen Sie immer wieder Ihr Energiereservoir auf

Zu Beginn der Selbstständigkeit fällt die Arbeit meistens leicht. Man geht auch mal über Grenzen, arbeitet die Nacht durch oder ohne Pause übers Wochenende weg. Aber das ist kein Dauerzustand. Spätestens, wenn sich Ihre Schultern verspannen, Sie unter Rückenschmerzen, Kopfschmerzen oder gar Migräne-Anfällen leiden, wissen Sie: Ihr Körper ist es leid, immer nur ausgebeutet zu werden. Und er hat Recht.

Sie können nicht immer nur aus dem Vollen schöpfen, das Kraft- und Energiereservoir unseres menschlichen Körpers ist begrenzt.

Finden Sie deshalb heraus, was Ihnen guttut und wie Sie Ihre **Energie- und Kraftreserven wieder auffüllen** können. Für uns beispielsweise wirken drei Stunden Sauna wahre Wunder. Auch einfach in der Sonne zu liegen, mit den Katzen zu spielen, spazieren zu gehen, zu joggen, am Esstisch ausgiebig zu plauschen, vor dem Kaminfeuer zu sitzen oder im Garten zu arbeiten, empfinden wir als sehr entspannend.

Ihre Aufgabe ist es, nach sich selbst zu schauen und herauszufinden, was Sie wirklich entspannt. Lösen Sie sich dabei von Vorurteilen und politischer Korrektheit. Wenn es Sie entspannt, drei Folgen von „Desperate Housewives" zu schauen oder ein 5.000-Teile-Puzzle zusammenzusetzen, gibt es nur einen Rat: Tun Sie es! Und zwar nicht erst dann, wenn Ihr Körper Ihnen mit Schmerzattacken signalisiert, dass Sie auf der Überholspur leben und überlastet sind.

Mensch bleiben: Überprüfen Sie Ihren Maßstab

Als Selbstständiger legen Sie selbst Ihre Ziele fest und überprüfen die Zielerreichung. Aber dabei gilt es, Mensch zu bleiben. **Überfordern Sie sich nicht.** Es geht nicht darum, einen Hundertmeterlauf zu gewinnen. Sehen Sie Ihre Selbstständigkeit zumindest als einen Marathon an. Das hilft Ihnen, einzuschätzen, wie viele Reserven Sie vorrätig halten müssen.

Die Wahrheit ist aber eine andere: **Selbstständigkeit ist ein Lebenskonzept.** Möchten Sie auf Dauer selbstständig sein und dabei gesund und lebensfreudig bleiben? Dann müssen Sie immer wieder den Maßstab überprüfen, mit dem Sie Ihr Verhalten, Ihren Arbeitseinsatz und Ihre Zielerreichung kontrollieren.

Wählen Sie zu kleine Ziele, so können Sie sich möglicherweise einige Ihrer Träume nicht erfüllen. Legen Sie die Messlatte aber zu hoch und verlangen Sie sich zu viel ab, treiben Sie Raubbau. Ihr Leben gerät aus der Balance. Und wenn die Ziele so hoch sind, dass Sie diese gar nicht mehr erreichen können, werden Sie sich nur immer mehr enttäuschen und immer frustrierter.

Bei allem Unternehmertum: Bleiben Sie Mensch und gehen Sie mit sich so wohlwollend um, wie Sie es mit Ihren Mitarbeitern tun würden.

3.3.3 Führen Sie ein Trainer-Tagebuch zur Selbst-Supervision

Bei Motivationsflauten gilt: Wehret den Anfängen! Denn je kleiner das Feuer, desto leichter ist es zu löschen. Leider kommen die Motivationsflauten oft auf so leisen Sohlen, dass sie im hektischen Alltag nicht rechtzeitig wahrgenommen werden. Ein bewährtes Mittel, um darauf zu achten, was einen bewegt, ist das Trainer-Tagebuch.

Es gibt kaum ein Instrument, das so einfach und doch so wirksam ist wie das Trainer-Tagebuch.

Ein gut geführtes Trainer-Tagebuch erlaubt Ihnen nicht nur eine **Supervision** Ihrer Trainings, sondern auch Ihrer **persönlichen** und **unternehmerischen Visionen** und **Ziele**. Darüber hinaus können Sie damit auch Ihre Finanzkraft, Ihre Motivation und Ihren Kundengewinnungsprozess steuern und überwachen.

So verlockend Notebook, iPad und Konsorten klingen, es gibt kaum jemanden, den wir kennen, bei dem ein elektronisches Trainer-Tagebuch funktioniert. Es ist die Tätigkeit des direkten Schreibens – ohne die Funktionen Kopieren, Einfügen, Löschen und Rechnen –, die uns dazu zwingt, uns zu konzentrieren und die Sachen genau zu durchdenken. Das ist auch der Grund, weshalb eine **Selbstreflexion** überhaupt **schriftlich erfolgen** muss. Das Schreiben zwingt uns, die Sache zu durchdenken.

Damit die Selbstreflexion Spaß macht, suchen Sie sich eine Kladde oder ein Tagebuch, das Ihnen gefällt. Das Sie gerne anschauen, anfassen und in dem sich gut schreiben lässt. Probieren Sie in jedem Fall aus, wie sich das Schreiben in dieser Art von Heft anfühlt, bevor Sie es kaufen. Scheuen Sie sich auch nicht, unterschiedliche Bleistifte, Kugelschreiber und Füllfederhalter auszuprobieren – so lange, bis Sie das passende Schreibwerkzeug für Ihr Trainer-Tagebuch gefunden haben.

Notieren Sie von nun an mindestens **einmal pro Woche immer zur gleichen Zeit** Ihre Gedanken. Starten Sie mit dem Datum, der Uhrzeit und dem Ort. Schreiben Sie dann auf, was Ihnen einfällt. Schreiben Sie im gleichen Stil, in dem Sie ein Gespräch mit einem guten Freund führen würden. Schreiben Sie also so, wie Ihnen der Schnabel gewachsen ist.

Wenn Sie vor dem leeren Blatt sitzen und Ihnen nichts einfällt, rekapitulieren Sie die Woche und erzählen Ihrem Tagebuch einfach vom aktuellen Ärger, den Erfolgserlebnissen und allem, was Ihnen durch den Kopf geht.

Gewöhnen Sie sich darüber hinaus an, sich **nach jedem größeren Training** zu notieren, was Ihnen aufgefallen ist. Was funktioniert hat und was nicht, was Ihnen bei den Teilnehmern aufgefallen ist, zum Stoff, zum Auftraggeber, zum Tagungsort, zu den Uhrzeiten, zum Essen und zu Ihrer Unterbringung. Mit der Zeit werden Sie allein durch diese Notizen herausfinden, was Ihnen guttut und was nicht, was bei Ihren Trainings funktioniert und wo es hapert.

Das Schreiben wirkt in zweifacher Weise. Einerseits befreit es den Kopf vom Stress, ermöglicht sozusagen die Entsorgung des ganzen Mülls, der sich im Laufe des Trainings, des Tages oder der Woche angesammelt hat. Und andererseits bringt es einen automatischen Abstand zur eigentlichen Arbeit und ermöglicht so eine Reflexion. Oder, wie es Edward Albee so treffend ausdrückte: „Ich schreibe, um zu erfahren, worüber ich nachdenke."

Wenn Sie dann im nächsten Schritt nach Tagen, Wochen, Monaten oder gar nach mehreren Jahren in Ihrem Tagebuch zurückblättern, werden sich viele Emotionen relativieren. Mit dem wissenden Blick dessen, der über den Ausgang Bescheid weiß, können Sie plötzlich **Muster** erkennen.

Das sind Situationen und Verhaltensweisen, die sich wieder und wieder wiederholen. In denen Sie auf einen bestimmten Impuls immer in der gleichen Art und Weise reagieren. Beispielsweise wenn Ihre Kompetenz von einem bestimmten Typus Teilnehmer in einer Art infrage gestellt wird, die bei Ihnen ein Programm aus Ihrer Kindheit ablaufen lässt, und Sie plötzlich explodieren – ob Sie wollen oder nicht. Solche Muster sind es wert, angeschaut zu werden. Denn gerade als Trainer werden Sie immer wieder von Teilnehmern getestet. Je besser Sie Ihre eigenen Reaktionen kennen und beherrschen, desto leichter fallen Ihnen die Trainings. Abgesehen davon, dass auch Ihre Trainings dadurch wesentlich stressfreier durchlaufen und Ihre Teilnehmer zufriedener sein werden.

Finden Sie heraus, welche Muster und Programme in Ihnen ablaufen und wie Sie diese verändern können, so werden sich Ihre Trainings verändern – und vermutlich auch Ihr Leben.

Interessant ist auch die Nachbetrachtung früherer Trainings und unternehmerischer Scheidewege hinsichtlich der damaligen Ängste. Welche Punkte verursachten Ihnen Ängste, die im Nachhinein völlig unbegründet waren? Wo erhielten Sie unerwartete Erfolgserlebnisse? Wo lief etwas schief – und wie war es damals, hatten Sie ein gutes Bauchgefühl bei der Entscheidung? In welchen Situationen deuteten Kunden, Mitarbeiter oder Lieferanten neue Geschäftschancen an, die Sie dann im Eifer des Tagegeschäfts übergingen? Gab es Projekte, die Sie überschwänglich begannen, alle Risiken und Einwände von Kollegen und Geschäftspartnern vom Tisch wischend? Waren es erfolgreiche Projekte? Was können Sie daraus lernen?

Das Tagebuch wird so zu einem **Spiegel Ihrer selbst**. Es dokumentiert und relativiert die Ereignisse, gibt Anregungen und Kritik und wird zu einer Art Coaching-Partner.

Einige generelle Tipps und Vorschläge zum Vorgehen:
- Datieren Sie jeden Eintrag, beispielsweise: Mittwoch, 30. Dezember 2009.
- Notieren Sie mindestens einmal pro Jahr Ihre Vision und Ihre Jahresziele.
- Notieren Sie mindestens einmal pro Monat:
    - Was hat funktioniert?
    - Was hat nicht funktioniert?
    - Was werde ich ändern, um es zum Laufen zu bringen?
    - Welche Zwischenziele habe ich erreicht?
    - Welche Zwischenziele habe ich nicht erreicht?
    - Warum habe ich sie nicht erreicht?
    - Was muss ich ändern, damit ich sie nächsten Monat erreiche?
    - Was möchte ich im nächsten Monat erreichen?

In einer etwas erweiterten Form, die wir Ihnen im Folgenden vorstellen, kann das Trainer-Tagebuch Sie auch hervorragend bei der Ausarbeitung Ihrer Geschäftsstrategie unterstützen.

Ideenkiste & Erfolgs-Brevier

Wenn Sie eine dickere Kladde, wie z.B. ein Exacompta Geschäftsbuch DIN A4 150 Blatt, verwenden, können Sie gleich im hinteren Teil verschiedene Kapitel zu Ihrer Geschäftsentwicklung einbauen. Folgende Themen/Seitenüberschriften bieten sich an:

Ideenkiste

Hier notieren Sie Ideen zu Ihren Trainings, zu Ihrem Geschäft, Ihren Kunden, zu Ihren Angeboten, Ihren Abläufen und zu Ihrem Marketing, die Sie nicht gleich umsetzen können oder wollen, die aber auch nicht verloren gehen sollen.

Lessons learned

Wenn ein Thema immer wieder unter „Was hat nicht funktioniert" auftaucht, durchdenken Sie es und vermerken Sie das Problem, die wirkliche Ursache und Ihre Lösung im Kapitel „Lessons learned".

Sichtbarkeit / Marketing / Werbung

Vermerken Sie hier alle Aktivitäten, mit denen Sie neue Kontakte gewinnen möchten. Das sind beispielsweise Vorträge, Telefonaktionen, Werbebriefe oder Postkarten, Netzwerk-Abende – wenn es um Abende geht, die Sie in Netzwerken Ihrer potenziellen Kunden verbracht haben. Trainer-Netzwerke zählen nicht dazu, außer Sie trainieren Trainer.

Vermerken Sie für jede Werbe-Aktivität das Datum, den Namen der Aktion, den geschätzten Zeitaufwand, die ungefähren Kosten und die Anzahl Kontakte, die Sie dadurch aktiviert haben. Lassen Sie am Rand noch ein wenig Platz für die Spalte „Erfolge". Hier machen Sie immer dann, wenn Sie durch diese Aktion einen Kunden gewonnen haben, einen dicken Strich!

Beispiel:

Datum	Aktion	Zeit	Kosten	Kontakte	Erfolge
14. Januar	Vortrag beim WVA Verein	4 Stunden		30 TN	
2. Februar	Aussendung „Rosenmontag"	4 Stunden	150 Euro	200 Briefe	

An dieser Stelle eine Anmerkung für alle Excel-Liebhaber: Selbstverständlich können Sie diese Listen auch in Excel führen. Und dann noch viel mehr Spalten machen und auch mit diesen rechnen. Wenn es Ihnen Freude bereitet, tun Sie es. Sollten Sie aber feststellen, dass das Excel-Sheet lange Zeit nicht benutzt wird oder es irgendwie nach Arbeit aussieht, immer in diese Tabellen zu tippen, dann probieren Sie doch mal für drei Monate den altmodischen Füllfederhalter und das Trainer-Tagebuch aus. Es geht hierbei nicht um eine perfekte Statistik. Die Eintragungen im Trainer-Tagebuch sind nur dazu da, dass Sie über Ihr Geschäft und Ihr Marketing nachdenken, und wenn Ihnen Schreiben langsamer von der Hand geht als Tippen, dann gibt es Ihnen vielleicht dadurch mehr Raum und Ruhe zum Überdenken Ihrer Aktivitäten.

Neukunden

Neue Kunden sichern die Zukunft des Geschäfts und sind eine Maßzahl für den Erfolg der Sichtbarkeitsmaßnahmen. Schätzen Sie für jeden Kunden, wie viel Umsatzpotenzial er für ein Jahr hat. Falls Sie überwiegend Firmenkunden mit wiederholenden Trainings bedienen, sollten Sie noch eine Spalte mit dem Umsatzpotenzial für fünf Jahre einfügen. In der letzten Spalte notieren Sie die Herkunft der Adresse. Also beispielsweise, ob die Adresse über eine Empfehlung, übers Internet, über einen Vortrag, eine Telefon- oder Briefaktion kam.

Beispiel:

25.1.	Müller OHG	3.600	WVA Vortrag
26.2.	Friesemann, Fritz	2.000	Brief „Rosen- montag"

Key-Kontakte

Fast jeder Trainer hat, wenn er genau hinschaut, ein paar Kontakte, die ihm regelmäßig immer wieder gute Tipps, Empfehlungen oder gar Geschäfte bringen. Solche Kontakte nennen wir Key-Kontakte, denn sie sind der Schlüssel zum Geschäftserfolg.

Oft sind dies auch die so genannten Zielgruppenbesitzer. Das sind Menschen und Organisationen, die einen guten Zugang zu Ihrer Zielgruppe haben. Also beispielsweise ein Professor für Führung oder Ihr früherer Kollege beim Bildungswerk oder der Schulungsbeauftragte eines Arbeitgeberverbands. Zielgruppenbesitzer sind Menschen, denen Ihre Ansprechpartner und Kunden zuhören.

Wenn Sie in eine neue Zielgruppe eintauchen möchten, sollten Sie interessante Zielgruppenbesitzer identifizieren und auf Ihr Kennenlern-Kontakt-Radar nehmen. Wenn Sie schon gut im Geschäft sind, ist es wichtig, die Kontakte zu Ihren wichtigen Key-Kontakten nicht einschlafen zu lassen.

Beispielsweise könnte Ihre Key-Kontaktliste wie folgt aussehen:

Key-Kontakt	Schlüsselqualifikation
Prof. Martinus	Vorträge / Technik

Manfred Schreiber	Zugang zur Presse
Dr. Lehnert	Unternehmerverband Kunststoff

Notieren Sie jetzt die wichtigsten sechs bis acht Key-Kontakte.

Key-Kontakt	Schlüsselqualifikation

3.4 Zeitmanagement: Mehr Umsatz mit weniger Arbeit

Zeitmanagement-Bücher versprechen: Mehr Zeit fürs Leben, die Zeit zu managen, Stress abzubauen oder gar täglich eine Stunde zu gewinnen. Dabei ist uns allen klar, dass jeder Mensch jeden Tag genau 24 Stunden hat. Nicht mehr, aber auch nicht weniger.

Beim Zeitmanagement für Selbstständige geht es nicht darum, mehr Zeit zu gewinnen, sondern mehr Umsatz mit weniger Arbeit zu erreichen. Wirkliche Betriebswirte würden das Ziel des Zeitmanagements für Unternehmer sogar noch klarer fassen, auch wenn dies vielen Nicht-Betriebswirten Bauchweh bereitet:

Das Ziel eines jeden Selbstständigen sollte es sein, seinen Gewinn mit einem möglichst niedrigen eigenen Arbeitseinsatz zu erzielen.

Das bedeutet: Jede Strategie, die Sie aus Kapitel 5 zum öffentlichen Erfolg anwenden und die Ihr Marketing erfolgreicher macht, verbessert die Relation Zeiteinsatz zu Gewinn und ist damit eigentlich ein Teil Ihres Zeitmanagements.

Und das ist die erste und wichtigste Nachricht dieses Kapitels: Als selbstständiger Trainer fleißig, intelligent und zielstrebig zu sein, genügt nicht. Klar, mit Fleiß, Intelligenz und Zielstrebigkeit können Sie ein gutes Einkommen erzielen und prima über die Runden kommen. Aber wenn ein großer Kunde ausfällt, sich am Markt die Preise verändern oder aber Sie immer mehr unterschiedliche Trainings an weit auseinander liegenden Orten halten müssen, kommt plötzlich der Punkt, wo Sie nicht mehr alle anstehenden Aufgaben in der von Ihnen geplanten Zeit schaffen.

Und dann brauchen Sie eine Komponente, die wir die **unternehmerische Faulheit** nennen. Wirklich erfolgreiche Unternehmer versuchen nicht, alles in der vorgegebenen Zeit abzuarbeiten. Sie folgen nicht den Regeln, sie machen Regeln. Sie fahren nicht immer nur ausgefahrene Wege, sondern sie suchen Abkürzungen. Seien Sie faul! Arbeiten Sie nicht alles ab, was kommt. Sondern suchen Sie nach Abkürzungen. Sie können beispielsweise 20 offene Trainings machen und müssen dafür 200 neue Teilnehmer gewinnen oder Sie können zwei Firmenkunden gewinnen und die in der Akquise gesparte Zeit woanders verwenden. Oder Sie gewinnen einen Zielgruppenbesitzer, der Sie immer empfiehlt und ggf. von Ihnen dafür eine Provision bekommt.

So viel Zeit, wie Sie mit einer einzigen guten strategischen Entscheidung gewinnen oder verlieren, können Sie mit keinem Zeitmanagement der Welt aufholen.

Das heißt: Immer dann, wenn Ihnen alles über den Kopf wächst, ist es Zeit, den inneren Schweinehund von der Leine zu lassen. Ernennen Sie Ihren Schweinehund zum Zeitspar-Trüffelschwein. Und setzen Sie Ihr Zeitspar-Trüffelschwein darauf an, effektive Abkürzungen zu finden.

3.4.1 Sofortprogramm: Die Vier-Fragen-Methode

Es ist zu viel? Dann nehmen Sie Ihren Aufgabenzettel und machen Sie eine Zeit-Diät:

1. Warum sollte diese Aufgabe überhaupt durchgeführt werden?
Die meiste Zeit sparen Sie, wenn Sie etwas gar nicht machen. Also gehen Sie Ihre Aufgabenliste durch und stellen Sie sich für jede Aufgabe die Frage:
- „Geht die Welt unter, wenn diese Arbeit nicht erledigt wird?"

Falls Sie es nicht schaffen, aufgrund dieser Frage mindestens ein Drittel der Aufgaben zu streichen, fragen Sie weiter:
- „Kann es nicht sein, dass es seinen Grund hat, dass ich im Moment nicht dazu komme?"
- „Ist diese Sache vielleicht noch nicht reif?"
- „Führt mich diese Arbeit vielleicht auf einen Weg oder zu einem Training, das im Moment nicht passt?"

Falls Sie immer noch nicht genug streichen können, versetzen Sie sich in Ihre Unternehmer-Rolle:
- „Verdiene ich damit in den nächsten 30 Tagen Geld?"

Wenn Sie mit der Aufgabe in den nächsten 30 Tagen kein Geld verdienen und Sie auch kein Geld verlieren, wenn Sie die Aufgabe nicht tun, streichen Sie diese Aufgabe.

2. Weshalb gerade ich?

Wussten Sie, dass die meisten Menschen automatisch Fragen, die sie per E-Mail gestellt bekommen, beantworten? Das liegt vermutlich daran, dass man im E-Mail-Abarbeitungsmodus ist und gar nicht darüber nachdenkt, ob es überhaupt die eigene Aufgabe ist, die man da gerade erledigt.

Fragen Sie sich also, ob Sie überhaupt zuständig sind oder ob Sie den Ball zurückspielen können. Wenn das nicht geht, fragen Sie sich, wen Sie kennen, der diese Aufgabe besser erledigen könnte oder der sich sogar über diese Aufgabe freuen würde.

Achtung: Die meisten selbstständigen Trainer arbeiten als Einzelkämpfer. **Das muss aber nicht heißen, dass Sie als Einzelkämpfer nicht delegieren können!** Niemand hindert Sie, sich eine Zehn-Euro-Kraft zu suchen, die Ihnen ein paar Stunden pro Monat zur Hand geht. Es gibt gar nicht so wenige qualifizierte Menschen, die gerne ein paar Stunden pro Monat für zehn Euro pro Stunde arbeiten würden – es ist Ihre Aufgabe, danach zu suchen und jemand Passendes zu finden. Ob sich das rechnet? Angenommen, Sie setzen als Trainer 80.000 Euro pro Jahr um. Sie wissen: Das reicht nicht aus, eigentlich müssten Sie 20.000 Euro pro Jahr mehr umsetzen. Aber Sie kommen mit Ihrer Zeit nicht hin. Neue Trainings können Sie eigentlich gar nicht mehr annehmen. Sie müssten noch Anfragen beantworten, Angebote machen und das Nachhaken bei Angeboten funktioniert zeitlich gar nicht. Ganz abgesehen, dass ein Kunde schon angerufen hat, wo die Rechnung denn bleibt…

Angenommen, Ihre Zehn-Euro-Kraft arbeitet nur ein Drittel so produktiv wie Sie. Dann erhalten Sie für 360 Euro pro Monat 36 Stunden, das sind umgerechnet auf Ihre Produktivität zwölf Trainerstunden. Wenn Sie durch den Einsatz der Hilfskraft jeden Monat nur ein zusätzliches Training zum Tagessatz von 800 Euro abrechnen können, kostet es Sie inklusive Nebenkosten zwar rund 450 Euro, aber es bleiben Monat für Monat 350 Euro mehr übrig.

Natürlich können wir es auch andersherum betrachten und gar keinen weiteren Trainingstag einkalkulieren. Dann lautet die Frage:

- „Ist es Ihnen 5.000 Euro pro Jahr wert, dass Sie im Geschäft nicht mehr so viel Stress haben und alle wichtigen Dinge erledigt werden?"

Trainer und Trainerinnen, die sich entschieden haben, daheim eine Putzfrau zu beschäftigen, berichten immer das Gleiche: „Das war eine der besten Entscheidungen, die ich je getroffen habe. Ich freue mich, heimzukommen und es ist sauber und aufgeräumt."

Ob es um Aufgaben in Ihrem Geschäft, um Ihre Wohnung oder um Ihre Hemden geht, stellen Sie sich immer die Frage: „Weshalb gerade ich?"

3. Wieso genau jetzt?

Viel Stress entsteht, weil wir die Angewohnheit haben, einfach alle Aufgaben untereinander auf eine Liste zu schreiben. Das führt zu mehreren Problemen:

a) Wenn man die Aufgaben der Reihe nach abarbeitet, bleiben die Prioritäten außen vor – Unwichtiges kommt vor Wichtigem, und für Letzteres bleibt dann kein Raum. Um das zu vermeiden, sollten Sie jeden Tag mit dem „Job of the day" beginnen, der später noch genauer beschrieben wird.

b) Man verliert viel Zeit beim Umschalten zwischen verschiedenartigen Aufgaben. Das menschliche Gehirn braucht immer Zeit, um sich von einer Aufgabenart auf eine andere einzuschwingen. Deshalb ist es immer sinnvoll, gleichartige Aufgaben zu bündeln, also Blöcke zu bilden: Telefonblock, E-Mail-Block, Angebotsblock, Entwicklungsblock etc.

c) Auf den meisten To-do-Listen stehen die Aufgaben nicht nach Terminen sortiert. Das führt dazu, dass man viele, viele kleine Aufgaben, die eigentlich noch gar nicht dringend sind, abarbeitet. Und so keine Zeit mehr für wirklich wichtige Aktivitäten findet.

Bevor Sie eine Aufgabe auf Ihrer To-do-Liste notieren, stellen Sie sich die folgenden Fragen:

- „Ist die Aufgabe binnen einer Minute erledigt?"
  (In diesem Fall erledigen Sie die Aufgabe ohne Zögern und sofort. Das befreit den Kopf und erspart Ihnen das permanente Überdenken, ob Sie die Aufgabe als nächste erledigen.)
- „Bis wann muss die Aufgabe spätestens erledigt sein?"
- „Wann ist diese Aufgabe sinnvoll zu erledigen und wie kann ich diese Aufgabe mit anderen so bündeln, dass ich alles zusammen in möglichst kurzer Zeit erledige?"

Wenn Ihre To-do-Liste nicht nur Aufgaben des aktuellen Tages berücksichtigt und regelmäßig mehr als zehn Punkte enthält, sollten Sie Ihre Arbeitsweise umstellen. Notieren Sie alle Aufgaben, die nicht für den aktuellen Tag anstehen, in Ihrem Kalender an dem geplanten Tag. Jeden Abend übertragen Sie zuerst die unerledigten Aufgaben in die neue To-do-Liste und fügen dann die Aktivitäten, die Sie für den nächsten Tag geplant haben, hinzu.

4. Wie kann ich die Aufgabe schneller und effektiver lösen?

Inzwischen kennt fast jeder Trainer die Geschichte von den beiden Waldarbeitern, die wie verrückt versuchen, mit einer stumpfen Säge einen Baum zu fällen. Und auf die Frage, wieso sie nicht ihre Säge schärfen, antworten, dass sie dazu keine Zeit haben. Aber Hand aufs Herz: Halten Sie bei jeder Aufgabe, die länger als zehn Minuten dauert, vorher kurz inne und überlegen, wie Sie diese Aufgabe am einfachsten, schnellsten, effektivsten bewältigen können?

Wie heißt es im Sprichwort zur Vergesslichkeit: „Was man nicht im Kopf hat, hat man in den Beinen." Genau das gilt auch für eine Arbeitsvorbereitung: **Alles, was Sie beim Start einer Aufgabe bedenken, geht Ihnen anschließend schneller von der Hand.** Und alles, was Sie zu Beginn vergessen, müssen Sie anschließend mühsam einflicken.

In der Praxis bedeutet, die Säge zu schärfen, auch, sich während der Arbeit die Zeit zu nehmen, seine Arbeit richtig zu organisieren und abzulegen. Wenn Sie also immer wieder aufstehen müssen, um einen Ordner zu holen, fragen Sie sich: Ist es sinnvoll, ihn generell in Greifweite hinzulegen ... oder zumindest für heute? Schauen Sie sich an Ihrem Schreibtisch und in Armlänge von Ihrem Bürostuhl um. Gibt es da Dinge, Akten, Ordner, die Sie in den letzten drei Monaten nicht benötigt haben? Dann stellen Sie diese weit weg und schaffen so Platz für die Dinge, die Sie jeden Tag oder zumindest jede Woche benötigen.

Wie ist es an Ihrem Computer? Welche Ordner und Dokumente benötigen Sie immer wieder? Legen Sie einfach eine Verknüpfung zu diesen auf Ihren Desktop. Eine Verknüpfung funktioniert ähnlich wie ein Link im Internet. Sie ist ein Verweis, der als Abkürzung auf Mausklick dann genau diesen Ordner oder das gewünschte Dokument für Sie aufruft.

Prägen Sie sich drei Grundregeln für effektives Arbeiten ein oder notieren Sie diese auf einer Karteikarte und legen Sie die Karte mindestens eine Woche lang auf Ihren Schreibtisch:

Grundregeln für effektives Arbeiten

1. Ich bin intelligent genug, meiner Faulheit Raum zu geben, denn nur Faule und besonders intelligente Menschen suchen nach Abkürzungen.
2. Bevor ich eine Arbeit beginne, überlege ich, ob ich sie überhaupt brauche und wie ich sie möglichst effektiv lösen kann.
3. Nach jeder größeren Arbeit überlege ich, was ich beim nächsten Mal schneller, einfacher oder effektiver machen könnte.

3.4.2 Intensivprogramm: Das Konzept der ungeteilten Aufmerksamkeit

Noch in den 80er-Jahren des letzten Jahrhunderts lautete die zentrale Frage: „Wie lange brauche ich für diese Aufgabe?" Aber die Arbeitswelt hat sich geändert. Zu Telefon und Fax gesellten sich E-Mails, Kurznachrichten, Skype, Instant-Messaging und die bunte Welt der Smartphone-Apps – vom Newsticker bis zum Twittern. Ablenkung über Ablenkung, Störung über Störung.

Denken Sie bitte an Ihren letzten Arbeitstag im Büro. Und nun schätzen Sie: Wie lange hat eine Aufgabe im Büro im Schnitt Ihre ungeteilte Aufmerksamkeit? Wie lange geht es im Schnitt, bis eine E-Mail aufleuchtet, das Telefon klingelt, jemand zur Tür hereinkommt oder eine Smartphone-App aufgeregt blinkt oder vibriert? Eine Minute, fünf Minuten, 15 Minuten, eine volle Stunde oder gar mehr? Wann haben Sie das letzte Mal drei Stunden ohne Störungen an einer Aufgabe arbeiten können? Und das Ergebnis: Sie konnten vermutlich Bäume ausreißen.

Allen Behauptungen zum Trotz **ist das menschliche Gehirn nicht auf Multitasking ausgelegt**. Ja natürlich, wir können gleichzeitig hören, reden, lesen und dabei noch etwas unterschreiben. Das fühlt sich unglaublich schnell an, so parallel, so produktiv. Und dennoch ist es ein Trugschluss. Weil so viele Impulse auf uns einprasseln, hat unser Gehirn das Gefühl, viel geschafft zu haben. So, wie nach einem intensiven Film. Aber in Wirklichkeit haben wir meist nur das Hamsterrad schneller vorangetrieben, wirklich erreicht haben wir nichts.

Es gibt nur wenige Jobs wie zum Beispiel als Fluglotse, Disponent oder Trainer während eines Trainings, in denen man unglaublich viele Impulse parallel verarbeiten muss. Büroarbeit gehört eindeutig nicht dazu. Effektive Arbeit ist Arbeit am Stück. Büroarbeit ist geistige Arbeit. Und die funktioniert umso besser, je konzentrierter wir sind.

Wenn Sie wirklich produktiver sein möchten, sollten Sie das Konzept der ungeteilten Aufmerksamkeit anwenden. Das Konzept ist recht einfach. Es lautet:

Wenn eine Aufgabe wichtig genug ist, dass ich sie mache, dann hat diese eine Aufgabe meine ungeteilte Aufmerksamkeit.

Fragen Sie sich deshalb nicht mehr: „Wie lange brauche ich für diese Aufgabe?", sondern: „Wie viel Zeit benötige ich mindestens ungestört am Stück, um diese Aufgabe lösen zu können?" Und dann strukturieren Sie Ihren Tag so, dass Sie Zeiten blocken. Stoppen Sie alle automatischen Piepser, Klingeln, Vibratoren und Fähnchen und schalten Sie Ihr Telefon auf den Anrufbeantworter oder Ihren Büroservice um.

Rufen Sie Ihre E-Mails und Nachrichten nur dreimal pro Tag ab. Dann haben Sie auch schon automatisch einen Arbeitsblock für E-Mails und einen Arbeitsblock fürs Telefon und können die Anfragen effektiv abarbeiten. Wer sich von E-Mails, Telefon, Twitter und Konsorten nicht terrorisieren lässt, ist kein Verbrecher, sondern ein Profi. Jemand, der konzentriert und professionell arbeiten kann und bewusst nicht zur Gruppe der unproduktiven Hyperaktivitätsfanatiker gehört.

Sie stehen mit dem Konzept der ungeteilten Aufmerksamkeit übrigens nicht allein. Fast alle Produktivitätssteigerungen in der Industrie setzten voraus, dass der Arbeiter seine Aufgaben ohne Störungen am Stück abarbeiten konnte. Durch die

Bündelung mehrerer Fertigungsaufträge zu größeren Chargen wurden dabei nicht nur die Rüstzeiten reduziert, sondern gleichzeitig die eigenen Kenntnisse immer weiterentwickelt. Die so entstehende Lernkurve führte zu deutlichen Produktivitätsgewinnen.

3.5 Wie Sie Ihre Arbeit erfolgreich strukturieren

Als Trainer leben und arbeiten Sie im Rhythmus Ihrer Trainings. Während der Trainings bleibt die andere Arbeit liegen, E-Mails und Anrufe laufen auf. Nach intensiven Trainings sollte eine Phase der Erholung kommen, gleichzeitig stapeln sich aber die dringend zu erledigenden Dinge. Kein Wunder, dass in dieser Situation wichtige Dinge, die aber nicht dringend sind, immer weiter verschoben werden, bis sie irgendwann ganz aus dem Fokus fallen.

Die folgenden Regeln können Sie dabei unterstützen, Ihr Geschäft dennoch effektiv abzuwickeln und nicht nur dringende, sondern auch wichtige Arbeiten zu erledigen.

Geben Sie Ihren Bürotagen eine feste Struktur

Ermitteln Sie die Tageszeiten, zu denen Sie besonders produktiv sind, und blockieren Sie diese für die wichtigsten Tätigkeiten des Tages. Legen Sie Routinetätigkeiten, Rückrufe und E-Mails in Ihre „müden" Phasen. Halten Sie Besprechungen immer zu gleichen Zeiten, das Gleiche gilt für Ihre Telefonate. Sie werden feststellen, dass Mitarbeiter und Kunden erstaunlich schnell lernen und Ihre Gewohnheiten immer häufiger berücksichtigen. Denn Ihre Mitmenschen sind froh, wenn sie wissen, wann sie Sie am besten erreichen können.

Beginnen Sie jeden Tag mit dem Job des Tages

Mit 20 Prozent Ihrer Zeit erreichen Sie 80 Prozent der wirklichen Erfolge eines jeden Tages. Versuchen Sie also, nicht mehr, sondern weniger Aufgaben abzuarbeiten. Bevor Sie sich ins Tagesgeschäft stürzen, entscheiden Sie, welche Schlüsselaufgabe an diesem Tag Ihre Nummer eins sein wird. Erklären Sie diese zum „Job of the day". Erledigen Sie zuerst den Job des Tages, bevor Sie offiziell Ihr Büro eröffnen und überhaupt nur an andere Arbeiten oder Ablenkungen denken.

Schaffen Sie Ihrer Woche und Ihrem Monat eine feste Struktur

Reservieren Sie sich jede Woche eine Stunde für die Planung der Woche. Bewährt hat sich die erste Stunde, die Sie in einer Woche im Büro sind. Weiterhin reservieren Sie eine feste Zeit für das Schreiben der Rechnungen und die Erstellung von Angeboten.

Nutzen Sie die Elf-Minuten-Methode

Viele Missverständnisse entstehen, weil wir nicht bereit sind, uns voll und ganz auf eine Sache zu konzentrieren. Nebenher läuft das Radio, blinkt eine E-Mail oder SMS, kommt ein Fax herein oder unsere Gedanken schweifen anderweitig ab. In solchen Situationen wird die Anwendung der Elf-Minuten-Methode wahre Wunder vollbringen. Das gilt nicht nur für die Erledigung anstehender Aufgaben, sondern ganz besonders auch für den zwischenmenschlichen Bereich.

Lernen Sie, Ihre ungeteilte Aufmerksamkeit für mindestens elf Minuten auf Ihr Gegenüber oder Ihren telefonischen Gesprächspartner zu konzentrieren. Keine ablenkenden Gedanken, keine E-Mails nebenbei, keine Korrespondenz. Nur aufmerksam zuhören und aktiv nachfragen. Sie werden schnell feststellen, dass elf Minuten intensiver Konzentration eine nutzbringende Investition sind.

Beginnen Sie große Aufgaben mit einem Appetizer

Den meisten Menschen fällt es schwer, große und vor allem ungeliebte Aufgaben anzufangen. Man steht sozusagen wie der „Ochs vorm Berg", hat das Gefühl: „Das schaffe ich nie", oder denkt einfach nur: „Ich habe ja nur noch eine Stunde, da lohnt es nicht, das anzufangen."

Machen Sie es wie die Verkäufer am Salami-Stand im Eingang des Supermarktes. Sie bieten Ihnen zuerst einen Appetizer an. Das geht ganz schnell, verpflichtet Sie zu nichts, und ehe Sie sich versehen, haben Sie eine Salami in der Hand. Genauso gehen Sie mit großen Projekten vor. Suchen Sie sich immer eine kleinere Aufgabe, die sich zeitlich im Rahmen hält. Und mit der Sie einfach loslegen. Wenn Sie sich dann erst mal eingedacht haben, kommt oft die Faszination von selbst. Und ehe Sie sich versehen, sind Sie mittendrin und denken gar nicht mehr daran, aufzuhören.

Deshalb ist es beispielsweise bei Buchprojekten auch gar nicht sinnvoll, abends ein Kapitel komplett abzuschließen. Denn dann steht man am nächsten Morgen vor einem riesigen neuen Kapitel und muss sich damit erst warmlaufen. Geschickter ist es, die ersten paar Minuten die letzten Seiten noch in Form zu bringen und sich dann ins nächste Thema zu stürzen.

Denken Sie an William Shakespeare, wenn Sie wieder einmal vor einer großen Aufgabe oder einer ungeliebten Tätigkeit stehen: „Gewinnen beginnt mit Beginnen."

4 Der finanzielle Erfolg als Trainer

Viele Trainer sehen ihren Trainerberuf als Berufung, sie sind Trainer aus Leidenschaft. Doch über die Leidenschaft hinaus ist es ihre Aufgabe, auch finanziell erfolgreich zu werden. Denn finanzieller Erfolg sorgt dafür, dass man nicht nur jetzt, sondern auch in Zukunft seinen Leidenschaften mit Freude nachgehen kann.

Andere Menschen wurden Trainer, weil sie die hohen Tagessätze lockten. 800, 1.200, 1.800 oder gar 2.400 Euro pro Tag verdienen, wer möchte das nicht? Und wenn man dann hört oder liest, dass ein Trainer nur 80 bis 100 Tage pro Jahr trainieren muss – dann verdient er ja über 100.000 Euro und hat die Hälfte des Jahres frei!

Aber die Realität holt den Gründer schnell ein. Denn erst mal muss er die 80 oder 100 Trainingstage überhaupt mal verkaufen. Und dann stellt er schnell fest, dass die tollen Tagessätze oft Vor- und Nachbereitung und möglicherweise sogar An- und Abreise und die Spesen abdecken sollen. Oder er bekommt ein Angebot über 60 Trainingstage – aber zu 560 Euro und das noch inklusive Mehrwertsteuer. Und schon ist er in der Klemme: Was soll er tun? Annehmen oder ablehnen?

Egal, wie viele Tage angefragt werden und um welchen Tagessatz es geht, die Antwort ist nie leicht. Aber die Entscheidung wirkt sich auf Umsatz, Gewinn und Auslastung des Trainers aus, und um je mehr Umsatz oder Trainingstage es geht, desto größer sind die Auswirkungen auf den finanziellen Erfolg.

Deshalb sollte sich jeder selbstständige Trainer ein paar grundlegende Fragen zum finanziellen Erfolg stellen und für jede Frage seine eigene Position festlegen:
- Wie viel muss ich wirklich verdienen, um gut davon leben zu können?
- Wie viel muss ich trainieren, um dieses Einkommen zu erzielen?
- Wie viel könnte ich verdienen, wenn alles optimal läuft?
- Wie viel will ich in Zukunft wirklich verdienen?
- Wie bekomme ich einen guten Preis für mein Training?
- Wie wird denn ein Trainingspreis richtig kalkuliert?
- Wie kann ich zukünftig deutlich mehr verdienen?
- Wie schaffe ich mir Rücklagen?
- Und was ist mit dem Alter?

4.1 Wie viel muss ich verdienen, um gut davon leben zu können?

Um festzustellen, ob ich finanziell erfolgreich bin, benötige ich einen Maßstab. Wer schon länger Trainer ist, hat schon seine Erfahrungen gemacht und vermutlich entsprechende Vorstellungen. Aber wer aus einer ungünstigen Situation gestartet ist und wenig verdient, deckelt oft sich und seine Möglichkeiten. Weil er sich aufgrund seiner schlechten Erfahrung nicht vorstellen kann, mehr zu verdienen.

Der erste Maßstab, um den finanziellen Erfolg zu messen, ist der **Vergleich des Einkommens mit einem angestellten Trainer**. Denn im Durchschnitt arbeiten selbstständige Trainer länger, intensiver und sind dabei noch nicht einmal abgesichert. Weder gegen eine plötzliche Auftragsflaute noch gegen Krankheit.

Das bedeutet, als selbstständiger Trainer sollten Sie mindestens so viel verdienen wie ein angestellter Trainer. Beim angestellten Trainer zahlt der Arbeitgeber 50 Prozent der Sozialabgaben, also Kranken-, Arbeitslosen- und Rentenversicherung. Darüber hinaus erhält der Kollege Urlaubs- und Krankengeld und hat einen Kündigungsschutz. Wenn man das umrechnet, müssen Sie sein Bruttogehalt mit dem Faktor 1,5 multiplizieren.

Verdienst eines angestellten Trainers mal 1,5				
Beispiele für angestellte Trainer aus der Praxis*	Brutto pro Monat	Pro Jahr	Faktor	Mindestverdienst als selbstständiger Trainer vor Einkommenssteuer
IT-Trainer	3.200	38.400	1,5	57.600
Verkaufstrainer	3.600	43.200	1,5	64.800
Kommunikationstrainer	3.750	45.000	1,5	67.500
Mein persönlicher Vergleich:				
* Es ist uns klar, dass die Gehälter natürlich nach Branche, Alter, Erfahrung etc. variieren. Diese Zahlen sollen Ihnen nur einen Anhaltspunkt geben.				

Als Selbstständiger sind Sie aber für Ihr Geschäft und Ihr Leben verantwortlich und müssen Rücklagen bilden. Legen Sie Geld zurück für Ihren Ruhestand, für Krankheit, für die Entwicklung neuer Trainings und vor allem Rücklagen für den Fall einer plötzlichen Auftragsflaute. Beispielsweise brachen 2008 plötzlich vielen Trainern die Aufträge von einem Tag auf den anderen fast völlig weg. Und das nicht nur für einen oder zwei Monate, sondern für mehr als ein Jahr!

Deshalb empfehlen wir Ihnen, mit dem Faktor 2,0 zu rechnen. Dann sind Sie in jedem Fall auf der sicheren Seite. Das sieht dann so aus:

Verdienst eines angestellten Trainers mal 2,0				
Beispiele für angestellte Trainer aus der Praxis*	Brutto pro Monat	Pro Jahr	Faktor	Mindestverdienst als selbstständiger Trainer vor Einkommenssteuer
IT-Trainer	3.200	38.400	2,0	76.800
Verkaufstrainer	3.600	43.200	2,0	86.400
Kommunikati-onstrainer	3.750	45.000	2,0	90.000

* Es ist uns klar, dass die Gehälter natürlich nach Branche, Alter, Erfahrung etc. variieren. Diese Zahlen sollen Ihnen nur einen Anhaltspunkt geben.

Allerdings **sprechen wir hier von Verdienst, nicht von Umsatz**. Das bedeutet, Sie müssen wesentlich mehr Umsatz erzielen, um auf dieses Ergebnis zu kommen. Denn damit Sie Ihr Geschäft erfolgreich betreiben können, entstehen Ihnen Ausgaben. Diese müssen Sie ebenfalls berücksichtigen. Typische Ausgaben im Trainingsgeschäft sind Kfz- und Reisekosten, Personalkosten, Büromiete, Computer sowie Ihr Drucker oder Ihr Druck- und Kopierzentrum.

Wenn Sie nun zu Ihrem geplanten Verdienst die Kosten addieren, haben Sie den Umsatz, den Sie – nach Überwindung der Anlaufschwierigkeiten – mindestens pro Jahr erzielen sollten, um als Selbstständiger ein den angestellten Kollegen gegenüber vergleichbares Einkommen zu erzielen.

Aber Sie sind Unternehmer. Das bedeutet, Sie investieren eigenes Geld in Ihr Geschäft oder haben sogar dafür Kredite aufgenommen. Im Falle eines Scheiterns ist dieses Geld verloren und Sie persönlich haften Kunden und Lieferanten bezüglich Ihrer Zusagen. Möglicherweise möchten Sie sogar Mitarbeiter einstellen. Dann haben Sie auch diesen gegenüber noch eine Verpflichtung. Deshalb haben Sie einen Anspruch auf den **unternehmerischen Gewinn**. Die Entscheidung über die Höhe desselben steht Ihnen frei. Wir empfehlen Ihnen, als Einzelkämpfer einen Gewinn von 20 Prozent einzuplanen.

Nachfolgend haben wir beispielhaft drei unterschiedliche Ausgangssituationen durchgespielt:

Verschiedene Kostensituationen selbstständiger Trainer

Standard-Trainings bei großen Organisationen

Rudolf H. ist IT-Trainer. Er arbeitet von daheim aus. Er hat eine Handvoll großer Kunden – sowohl direkt als auch Akademien –, für die er feste Standard-Trainings gibt. Sein

Verwaltungsaufwand ist minimal, monatlich schreibt er nur eine Handvoll Rechnungen. Und er hat deshalb eine sehr bequeme Kostensituation gewählt: nur geringe Reisekosten, kaum Ausgaben für Werbung und niedrige Steuer-, Rechts- und Beratungskosten.

Verschiedene Trainings bei vielen unterschiedlichen Kunden

Marion F. hat sich eigentlich auf Messe- und Verkaufstrainings konzentriert. Sie ist schon seit über sieben Jahren am Markt. Und in dieser Zeit hat sie für so viele Kunden trainiert, dass sie von diesen immer wieder Anfragen zu anderen Themen bekommt. Da sie die Abwechslung liebt, führt sie auch solche Trainings durch. Sie hat einige Kunden in ihrer Region, ist aber auch überregional unterwegs. Sie investiert regelmäßig in Marketing und Werbung. Da sie viele Anfragen beantworten, Angebote schreiben und neue Trainings und Trainingsunterlagen entwickeln muss, leistet sie sich für die Verwaltung eine Hilfskraft.

Aber auch sie spart sich das Büro. In Zeiten, in denen nicht viel los ist, fällt ihr dann die Decke auf den Kopf. Aber da sie inzwischen gut ausgelastet ist, spart sie sich die zusätzliche Miete und investiert das Geld lieber in ihre Bürohilfe. Sie trifft diese allerdings seltener, als ihr lieb ist. Meistens telefonieren sie nur, skypen oder mailen. Als ihr ein Bekannter riet, ihre Dokumente doch ins Internet zu stellen (was kostenfrei über Google, Dropbox oder vergleichbare Angebote möglich wäre), war ihr das doch zu suspekt. Sie investierte in einen so genannten File-Server. Ihre Bürohilfe greift über Internet und einen so genannten VPN-Tunnel (Virtual Private Network) auf die Daten zu.

Hochwertiger Außenauftritt, gute Positionierung, gut bezahlende Kunden

Max von K. positioniert sich als Experte im Bereich Mitarbeiterführung und Kommunikation. Er arbeitet bundesweit. Seine Kunden sind Banken, Versicherungen und IT-Konzerne. Er legt deshalb viel Wert auf einen hochwertigen Außenauftritt, ein eigenes Büro und ein professionelles Marketing. Damit sind seine Kosten zwar doppelt so hoch wie bei seiner Kollegin Marion F. Aber Max von K. ist überzeugt, dass sich diese Investitionen rechnen. Schließlich möchte er noch wachsen und dazu Mitarbeiter an Bord nehmen. Dann braucht er das Büro sowieso. Außerdem genießt er sein Büro – jedenfalls an den Tagen, an denen er nicht trainiert.

Kosten im Vergleich					
			Standard-Trainings bei großen Organisationen	Viele unterschiedliche Kunden und Trainings	Hochwertiger Außenauftritt, gute Positionierung, gut bezahlende Kunden
Büro			Daheim	Daheim	Separates Büro
1	Einzelposten Kosten				
1.1	Büro		3.000	3.000	14.400

1.2	Kfz und Reisen		4.500	7.500	16.000
1.3	Telefon / PC / Druckzentrum		1.200	2.400	3.600
1.4	Personal/Aushilfen		800	5.800	16.000
1.5	Marketing und Werbung		2.000	3.600	8.500
1.6	Weiterbildung		2.400	4.500	6.000
1.7	Versicherung & Gebühren		800	1.800	2.400
1.8	Beratungsleistungen (Steuern, Recht, Coaching …)		2.400	3.400	5.000
1.9	Abschreibung und Sonstiges		1.200	2.400	3.600
I.	**Summe Kosten**		18.300	34.400	75.500
II.	Mein geplanter Verdienst		76.800	86.400	90.000
III.	Umsatz, um diesen Verdienst zu erreichen	I. + II.	95.100	120.800	165.500
IV.	Unternehmerischer Gewinn 20 Prozent	20 % aus III.	19.020	24.160	33.100
V.	**Zielumsatz (Nettoumsatz zuzüglich Mehrwertsteuer)**		114.120	144.960	198.600

Wie Sie sehen: drei Beispiele, drei Kostensituationen, drei unterschiedliche Zielumsätze, die um fast 75 Prozent auseinanderklaffen. Und in der Praxis klaffen die Umsätze noch wesentlich weiter auseinander. Es gibt Trainer, die schon mit einem Trainingsumsatz von 90.000 Euro zufrieden sind, weil sie mit sehr niedrigen Kosten arbeiten und so ein Einkommen von gut 70.000 Euro erzielen. Und es gibt Trainer, die auf einem anderen Niveau leben und arbeiten und die erst bei einem Jahresumsatz von über 250.000 Euro von einem guten Jahr sprechen.

Rechnen Sie nun einmal auf der Basis des vorherigen Vergleichs mit einem angestellten Kollegen Ihren persönlichen Zielumsatz aus:

Mein persönlicher Zielumsatz		
1	Einzelposten Kosten	Meine Zahlen
1.1	Büro	
1.2	Kfz und Reisen	
1.3	Telefon / PC / Druckzentrum	
1.4	Personal/Aushilfen	

1.5	Marketing und Werbung		
1.6	Weiterbildung		
1.7	Versicherung & Gebühren		
1.8	Beratungsleistungen (Steuern, Recht, Coaching ...)		
1.9	Abschreibung und Sonstiges		
I.	**Summe Kosten**		
II.	Mein geplanter Verdienst		
III.	Umsatz, um diesen Verdienst zu erreichen	I. + II.	
IV.	Mein unternehmerischer Gewinn (z.B. 20 Prozent)	xx % aus III.	
V.	Mein Zielumsatz (netto, d.h. zzgl. Mehrwertsteuer)		

Noch ein **Hinweis für Existenzgründer**. Als Trainer unterliegen Sie der **Umsatzsteuerpflicht**. Im Geschäft mit Firmen ist das Ihren Kunden egal. Sie schlagen auf den Zielumsatz die Mehrwertsteuer (aktuell 19 Prozent) auf, aber da Ihre Kunden die Mehrwertsteuer wiederum als Vorsteuer beim Finanzamt geltend machen können, verhandeln Sie immer auf der Basis Nettobetrag zuzüglich Mehrwertsteuer. Deshalb ist unser Zielumsatz auch netto gerechnet, d.h. ohne Mehrwertsteuer.

Wenn Sie Selbstzahler und Privatleute trainieren, können diese die Mehrwertsteuer nicht absetzen. In dem Fall sind Sie gesetzlich verpflichtet, den Trainingspreis brutto, d.h. inklusive Mehrwertsteuer, auszuweisen. Der Zielumsatz, den wir gerade ermittelt haben, beinhaltet noch keine Mehrwertsteuer. Damit Sie von diesem Umsatz zu Ihrem Gesamtumsatz inklusive Mehrwertsteuer kommen, müssen Sie noch die Mehrwertsteuer aufschlagen. Das geht ganz einfach: Bei einem Mehrwertsteuersatz von 19 Prozent multiplizieren Sie den Zielumsatz mit 1,19.

Warnung: Tappen Sie nicht in die mentale Kostenfalle!
Oft wird empfohlen, die pro Jahr auflaufenden privaten und die betrieblichen Kosten zu summieren und diesen Betrag als Mindestumsatz für die Planung heranzuziehen. Tun Sie das nicht! Denn unser grundlegendes Verhalten wird von unserem Unterbewusstsein gesteuert. Dieses merkt sich nur eine Zahl, beispielsweise die 4.500 Euro pro Monat für die laufenden Kosten. Sobald absehbar ist, dass Sie diesen Betrag erreichen, schaltet Ihr Unterbewusstsein auf Entspannung um – und Sie haben keine Chance mehr, Ihre wirklichen Ziele zu erreichen.

4.2 Wie viel muss ich trainieren, um dieses Einkommen zu erzielen?

Egal, ob Sie einen Zielumsatz von 90.000, von 140.000, von 200.000 Euro oder mehr ermittelt haben, die Frage, die sich nun für Sie stellt, ist: „Ist das überhaupt zu schaffen? Wie viel muss ich denn trainieren, um dieses Einkommen zu erzielen?"

Die Frage ist gar nicht so einfach zu beantworten. Denn das hängt von vielen Faktoren ab, beispielsweise von Ihrer Ausgangsposition, der Art Ihrer Trainings und Ihren Kunden. Das sind alles Hebel, mit denen Sie Ihr Einkommen als Trainer beeinflussen können. Das heißt: Ihr finanzieller Erfolg hängt davon ab, welche Strategien Sie wählen, um Ihren Zielumsatz zu erreichen.

Im ersten Schritt werden wir nun erarbeiten, wie viele Trainingstage Ihnen überhaupt zur Verfügung stehen. Und dann anhand verschiedener Beispiele aufzeigen, wie viel Trainer mit unterschiedlichen Strategien trainieren müssen, um einen bestimmten Umsatz zu erzielen.

In Diskussionen mit Trainern haben wir festgestellt, dass jeder von ihnen eine andere Einstellung und eine eigene Rechnung zum Thema „Maximale Anzahl Trainingstage" hat. In der nachfolgenden Tabelle zeigen wir Ihnen die Ermittlung der maximalen Auslastung für drei typische Trainer-Profile aus der Praxis.

Ermittlung der maximalen Auslastung bei unterschiedlichen Trainer-Profilen				
	Max F.	Marion K.	Heinrich S.	Meine Planung
Profil	Fleißig	Klassisch	Senior/ Premium	
Tage im Jahr	365	365	365	
Wochenenden und Feiertage	-115	-115	-115	
Urlaub	-25	-25	-30	
Krankheit und Ausfalltage	-3	-5	-5	
Prinzipiell verfügbar	222	220	215	
Vertrieb	-6	-14	-24	
Management, Verwaltung, Organisation	-24	-24	-26	
Entwicklung von eigenen Trainings	-3	-12	-18	
Kundenbindung, Netzwerken	-9	-9	-12	
Weiterbildung, Veranstaltungen	-12	-12	-16	
Maximale Anzahl an Trainingstagen	168	149	119	

DER FINANZIELLE ERFOLG ALS TRAINER

Wie viel muss ich trainieren, um dieses Einkommen zu erzielen?

Profil Max F., „Fleißig"

Max F. ist 34 und seit drei Jahren selbstständig. Er hat zurzeit keine Ambitionen, sich selbst zu vermarkten. Seine Schwerpunkte sind IT- und Kommunikationstrainings. Ab und an arbeitet er auch noch als IT-Consultant. Er lebt in einer süddeutschen Großstadt. Seine Kunden sind zwei lokale Akademien, ein Vermittler und ein großes IT-Systemhaus, bei dem er früher angestellt war.

Die Entwicklung von Trainings ist nichts für Max F. Lieber arbeitet er sich in vorgegebene Trainingsformate ein, die er dann regelmäßig trainiert. Er hat für sich nur 20 Tage Urlaub eingeplant, lieber trainiert er ein paar Tage mehr und legt etwas auf die hohe Kante. Max F. kann nach seiner Planung bis 168 Tage im Jahr trainieren – und wenn er genügend Aufträge hat, tut das auch. Wenn nicht, arbeitet er etwas weniger.

Er kalkuliert seinen Tagessatz nicht nach der Art seiner Trainings, sondern nach den Vereinbarungen, die er mit seinen Kunden hat. Beim IT-Systemhaus trainiert er für einen Tagessatz von 480 Euro. Dafür muss er sich um nichts kümmern und kann bis zu 100 Tage pro Jahr trainieren. Wenn keine Trainings anstehen, wird er ab und an auch als Projektmitarbeiter herangezogen.

Mit den beiden Akademien, die ihn vermitteln, hat er unterschiedliche Vereinbarungen. Aber im Schnitt kommt er dort auf 640 Euro pro Tag, weil sie ihn für spezielle Netzwerkthemen buchen.

Sein persönlicher Traumkunde ist der Vermittler. Das ist ein Trainer-Kollege, der Max F. immer wieder Trainings bei seinen eigenen Kunden vermittelt. Dafür erhält er von Max F. eine Provision in Höhe von 20 Prozent des erzielten Umsatzes. Damit bleiben für Max F. im Schnitt noch 880 Euro pro Tag übrig.

Umsatzplanung Max F.			
Kundengruppe	Anzahl Tage	Durchschnittlicher Tagessatz	Geplanter Umsatz
Akademien	45	640	28.800
IT-Systemhaus	100	480	48.000
Trainings über Vermittler	16	880	14.080
Zielumsatz	161		90.880

Profil Marion K., „Klassisch"

Die Verkaufstrainerin Marion K. ist 46 Jahre, verheiratet und hat zwei Kinder in der Oberstufe des örtlichen Gymnasiums. Sie ist seit acht Jahren selbstständige Trainerin und hat sich mittlerweile etabliert. Da die Kinder inzwischen sehr selbstständig sind, hat sie sich dieses Jahr vorgenommen, ihre Kapazitäten voll auszunutzen. Ihre Zeitkalkulation ist typisch für den klassischen Vollzeit-Trainer. Bei 115 Wochen- und Feiertagen, 25 Tagen Urlaub, dazu fünf weiteren Ausfalltagen verbleiben ihr 220 Arbeitstage. Davon gehen insgesamt 71 Tage für Vertrieb, Verwaltung, Netzwerken, Kundenbindung, Entwicklung eigener Trainingsprojekte und Weiterbildung ab. Marion K. verbleiben noch 149 Tage, an denen sie trainieren und damit Umsatz generieren kann.

Sie hat die Kontakte aus ihrer Angestelltenzeit bei einem Versicherungskonzern genutzt, um in diesem Sektor bei drei Konzernen in den Trainerpool zu kommen. Die Bezahlung ist sehr unterschiedlich, aber im Schnitt kalkuliert sie 1.200 Euro pro Tag. Aus der Erfahrung und der Rückmeldung ihrer Ansprechpartner heraus schätzt sie, dass sie hier dieses Jahr 60 Tage trainieren kann.

Marion K. hat sich im Laufe der Zeit in ihrer Region einen Namen gemacht und trainiert so auch regional im Mittelstand. Im Schnitt macht sie ein Zwei-Tages-Training pro Monat zu 1.050 Euro pro Tag.

Während ihrer Gründerzeit hat Marion K. eine Fachhochschule und die lokale IHK akquiriert und gibt bei diesen zu verschiedenen Business-Themen Kurse. Diese werden mit 340 Euro pro Tag längst nicht so gut bezahlt wie in der freien Wirtschaft, aber für Marion K. sind diese 16 Trainings eine gute Abwechslung, sie gewinnt hier Kontakte, aus denen immer wieder neue Anfragen entstehen, und vor allem hat sie das Gefühl, ein relativ sicheres zweites Standbein zu haben.

Der eigentliche Traum von Marion K. ist es aber, sich als Work-Life-Balance-Trainerin zu positionieren. Hier hat sie jahrelang an einem eigenen Konzept gefeilt und endlich letztes Jahr die erste offene Trainingsreihe mit vier Einheiten zu je 2,5 Tagen gestartet. Die Teilnehmer zahlen im Schnitt 900 Euro inklusive Mehrwertsteuer für ein Wochenende. Bei durchschnittlich acht Teilnehmern kommt sie so auf ein Tageshonorar von 2.420 Euro netto, d.h. ohne Mehrwertsteuer.

Nach ihrer Planung hat Marion K. noch 39 Tage freie Kapazität. Aber das ist für sie eigentlich nur Theorie. Die Vor- und Nachbereitung der Kundenseminare und ihres eigenen Work-Life-Balance-Seminars nehmen noch immer viel mehr Zeit in Anspruch, als sie geplant hat. Sie weiß, dass sie daran arbeiten muss, möchte sich aber die Zeit dennoch freihalten. Außerdem hat sie so auch noch die Zeit, auf familiäre Situationen einzugehen.

Umsatzplanung Marion K.			
Kundengruppe	Anzahl Tage	Durchschnittlicher Tagessatz	Geplanter Umsatz
Konzernkunden	60	1.200	72.000
Mittelständler	24	1.050	25.200
Grundkurse Business	16	340	5.440
Work-Life-Balance Wochenende	10	2.420	24.200
Freie Kapazität	39		
Zielumsatz	149		126.840

DER FINANZIELLE ERFOLG ALS TRAINER

Wie viel muss ich trainieren, um dieses Einkommen zu erzielen?

Profil Heinrich S., „Senior/Premium"

Heinrich S., 58 Jahre, nennt sich selbst schon ein „Urgestein des Trainergeschäfts". Er trainiert, berät und coacht nun schon seit über 22 Jahren. Im Laufe der Jahre hat er mehrere Bücher geschrieben und veröffentlicht auch heute noch regelmäßig Artikel. So hat er sich deutschlandweit als Führungskräftetrainer einen gewissen Namen gemacht.

Heinrich S. geht das Jahr im Vergleich zu seinen Kollegen etwas ruhiger an. Er plant 30 Tage Urlaub, investiert viel in Vertrieb, Netzwerken, in die Entwicklung von Themen, die er spannend findet, und nutzt jede Gelegenheit, sich auf Veranstaltungen zu zeigen und sich weiterzubilden. Trainieren möchte er „nur" noch an 119 Tagen. Er gibt viel auf die alte Faustregel, dass ein Trainer sein Jahresgeschäft in 100 Trainingstagen erreichen sollte, um nicht auszubrennen. Und durch seine Positionierung hat er es auch geschafft, dem Preisdruck der letzten Jahre entgegenzuwirken, sodass Heinrich S. mit seinem Geschäft ganz zufrieden ist.

Mit seinen Bestandskunden plant er 64 Tage zu einem Durchschnittshonorar von 1.600 Euro. Allerdings sind das nicht nur reine Trainingsleistungen. Wenn Heinrich S. erst einmal in einer Firma ist, bietet er auch seine Beratungs- und Coachingleistungen an. Dieses Geschäftsmodell funktioniert für ihn ganz gut, sodass die Trainings oft nur der Einstieg in ein dauerhaftes Beratungs- und Coachinggeschäft sind.

Da er seine Honorare Jahr für Jahr erhöht hat, zahlen neue Kunden bei ihm im Schnitt 2.200 Euro pro Trainingstag. 28 Tage hat er für diese Neugeschäfte eingeplant. Dazu kommen noch 14 Tage Neugeschäft über eine Vermittlungsagentur. Bei diesen Trainings verbleiben ihm pro Tag 1.800 Euro.

Einmal pro Jahr veranstaltet Heinrich K. einen Jahres-Event zum Thema Führung. Begonnen hatte er den Event aus reiner Marketingsicht, um in der Presse und über die Teilnehmer bekannt zu werden. Aber mit steigendem Bekanntheitsgrad wurde dieser Event inzwischen zu einem echten Umsatzbringer. Heinrich K. schätzt, dass er selbst für den Kongress inklusive Vor- und Nachbereitung 13 Tage benötigt. Nach Abzug der Nebenkosten bleiben ihm zwischen 20.000 und 40.000 Euro übrig.

Umsatzplanung Heinrich S.			
Kundengruppe	Anzahl Tage	Durchschnittlicher Tagessatz	Geplanter Umsatz
Bestandskunden	64	1.600	102.400
Neue Firmentrainings	28	2.200	61.600
Vermittlungsagentur	14	1.800	25.200
Jahres-Event (Schnitt)	13		30.000
Freie Kapazität	0		
Zielumsatz	119		219.200

4.3 Wie viel könnte ich verdienen, wenn alles optimal läuft?

Die Honorare von Heinrich S. geben Ihnen einen guten Ansatzpunkt, was Sie verdienen können, wenn alles optimal läuft. In Kombination mit der klassischen Zeitplanung von Marion K. ergibt sich auch ganz schnell, wo die Obergrenze für einen sehr gut ausgebildeten und exzellent positionierten Trainer liegt. Ganz einfach, indem man die Anzahl Tage mit dem optimalen Tagessatz multipliziert.

Dazu ist „nur" noch herauszufinden, wo denn der **optimale Tagessatz** liegt. Nach einer Umfrage von Nadine Hamburger liegen fast 50 Prozent der Tagessätze von selbstständigen Trainern unter 1.000 Euro. Zirka 15 Prozent der erzielten Tagessätze liegen über 1.500 Euro. Und nur ein knappes Dutzend Trainer gaben bei der Befragung an, Tagessätze von 2.500 Euro und mehr zu erzielen. Dabei verdient eine Trainerin im Schnitt 200 Euro pro Tag weniger als ein männlicher Trainer. Der durchschnittliche Tagessatz für männliche Trainer liegt bei 1.130 und bei weiblichen Trainern bei 939 Euro.

Trainer, die nicht nur ihre Methoden gelernt haben und beherrschen, sondern auch in Marketing, Verkauf und Preisverhandlungen stark sind, setzen im Schnitt einen rund 34 Prozent höheren Tagessatz durch als Kollegen, die sich rein auf das Training konzentrieren. Angenommen, Sie setzen sich deshalb 1.400 Euro als Ziel, dann können Sie unter Vollauslastung bei 149 abzurechnenden Trainingstagen 1.400 x 149 = 208.600 Euro erzielen. Mit diesem Umsatz liegen Sie vermutlich im oberen Drittel der professionellen Trainer.

Natürlich werden Sie nicht genau 1.400 Euro erzielen und vermutlich auch nicht durchgängig mit Trainings. Die meisten erfolgreichen Trainer bieten nicht nur Trainings, sondern auch Beratung und Coaching an. Und sie rechnen sowohl die Entwicklung von kundenspezifischen Trainings wie auch die Begleitung der Teilnehmer separat ab. Dazu kommt, dass es sich bewährt, auch bezüglich der Kundengruppen eine Mischkalkulation vorzunehmen.

Wenn Sie in die wirkliche Spitze vordringen möchten, dann ist ein durchschnittlich erzielter Tagessatz von 2.200 Euro die Obergrenze. Bei 149 Tagen zu je 2.200 Euro Tagessatz kämen Sie auf 327.800 Euro Umsatz. Aus der Praxis heraus können wir Ihnen sagen, dass das ein absolutes Spitzenergebnis ist, das so als Einzelleistung – d.h. ohne die Anstellung eines zweiten Trainers – sicher nur von einem illustren Kreis von Toptrainern und Rednern erreicht wird. Außerdem sollten Sie berücksichtigen, dass Sie, um durchgängig auf diesem Niveau trainieren zu können, den Rücken frei haben müssen. Also kalkulieren Sie in jedem Fall auf der Kostenseite eine Assistenz ein.

An dieser Stelle kommt immer wieder die Frage: „Die Theorie ist ja schön und gut, aber wie sehen denn nun die Umsätze von Kollegen in der Praxis aus?"

Hierzu befragte Max Meier-Maletz im Frühjahr 1999 Mitglieder im BDVT Berufsverband Deutscher Verkaufsförderer und Trainer zum erzielten Gesamtumsatz.

Nach seiner Studie verteilten sich die Trainerumsätze bei den BDVT-Mitgliedern in den Jahren 1997/1998 wie folgt:

Umsatz der BDVT-Mitglieder 1997/1998	
Umsatz	Anteil der Trainer
Bis 99.500 €	28,2
100.000 € bis 149.500 €	24,0
150.000 € bis 199.500 €	8,6
200.000 € bis 249.500 €	26,1
Ab 250.000 €	13,1

Allerdings fand die Befragung vor der Jahrtausendwende und damit vor dem Einbruch der Honorare im Trainingsmarkt statt. Und sie berücksichtigt nur Mitglieder im BDVT. Wer bereit ist, sich in einem Berufsverband zu engagieren und die Beiträge zu bezahlen, gehört erfahrungsgemäß zu den leistungsorientierten, besser verdienenden Trainern. Denn wenn wir diese Zahlen mit den Zahlen aus anderen Quellen, wie dem Bundesfinanzamt oder dem Bund der Selbstständigen, sowie den Zahlen aus der eigenen Beratungspraxis abgleichen, so erscheinen sie uns ein wenig zu hoch, um sie auf den kompletten Trainermarkt anwenden zu können.

Natürlich haben all diese Befragungen und Statistiken einen Nachteil: Sie können nur Durchschnittswerte aufzeigen. Und der Durchschnitt sagt nichts über den Einzelfall aus. Für Ihren Tagessatz sind viele Faktoren entscheidend: Wie hoch Ihre persönlichen Ziele sind. Und welche Strategie Sie zur Erreichung Ihrer Umsätze fahren werden: Ob Sie hochwertige Firmenkunden anvisieren oder Selbstzahler, aktuelle Themen oder Trainings von der Stange anbieten. Dazu kommen noch Ihre Positionierung, Ihr persönliches Auftreten und ob Sie in Honorarverhandlungen Ihre Preise sicher durchsetzen können.

All diesen Themen werden wir uns in den folgenden Kapiteln noch ausführlich widmen und auch einen konkreten Plan erstellen, wie Sie Ihren Zielumsatz erreichen. Aber wir empfehlen Ihnen, jetzt vorab einen Moment innezuhalten und zu notieren, wo Sie jetzt stehen.

Übung: Standortbestimmung

Anzahl Tage, die ich in den nächsten zwölf Monaten
trainieren, beraten, coachen und abrechnen werde: _____ Tage

Ich schätze im Moment, dass ich dafür im Schnitt _____ Euro pro Tag abrechnen kann.

_____ Tage x _____ Tagessatz = _____ Umsatz

4.4 Wie viel will ich zukünftig wirklich verdienen?

Sie haben nun ein Gefühl dafür bekommen, wie viel Sie als Trainer im Vergleich zu angestellten Kollegen verdienen sollten. Sie haben gesehen, wie hoch die Tagessätze und Umsätze von selbstständigen Trainer-Kollegen sind. Und Sie haben überschlägig Ihren aktuell möglichen Jahresumsatz ermittelt.

Unternehmerisch orientierte Trainer gehen ganz anders vor. Sie möchten sich nicht deckeln oder kleinmachen, indem sie sich mit anderen vergleichen – egal, ob angestellt oder selbstständig. Wirkliche Unternehmer überlegen sich zuerst, wie viel sie verdienen möchten. Und zwar nicht nur aktuell, sondern auch in drei und in fünf Jahren.

Denn mit dem Verdienst ist es wie mit der Vision: Die Wahrscheinlichkeit, dass ich mein Ziel erreiche, ist umso größer, je klarer ich weiß, wohin ich will.

Wer beispielsweise aktuell einen Trainingsumsatz von 80.000 Euro erzielt und damit rund 45.000 Euro zu versteuerndes Einkommen erwirtschaftet, kann sich in der Regel nicht vorstellen, wie er auf einen Jahresverdienst von 90.000 Euro kommen kann – also mehr zu verdienen, als er heute umsetzt.

Dabei zeigen die Erfahrungen, dass es für Selbstständige möglich ist, ihr Einkommen in drei bis fünf Jahren zu verdoppeln. Voraussetzung ist natürlich die fachliche Kompetenz. Aber was dann den Ausschlag gibt, ist die unternehmerische Arbeit: Zu entscheiden, wohin man will. Dann eine Strategie festzulegen und Monat für Monat nicht nur in seinem Geschäft, sondern an seinem Geschäft zu arbeiten.

In Krisen-Coachings beispielsweise schaffen es Coachees immer wieder, mit einer guten Strategie, konsequenter Arbeit, aktivem Marketing, einer passenden Positionierung und natürlich guten Honorarverhandlungen die Umsätze binnen zwölf Monaten zu verdoppeln – mit entsprechenden Auswirkungen auf den Gewinn.

Deshalb überlegen Sie nun einmal, wie viel Sie wirklich verdienen wollen.
Legen Sie den Gedanken „Wie soll das gehen?" mal beiseite – die Umsetzung ist die Aufgabe der Folgekapitel. Befreien Sie sich auch für einen Moment von allen negativen Gedanken zum Thema Geld. Also Glaubenssätzen, die nun vor Ihnen auftauchen könnten, wie z.B.: „Geld verdirbt den Charakter" oder „So viel Geld zu verdienen, kann nicht gut sein".

Wenn diese Gedanken in den nächsten Wochen und Monaten immer wieder bei Ihnen auftauchen sollten, dann ist klar, dass Ihr eigentlicher Engpass nicht der Markt, nicht Ihre Kompetenz und auch nicht Ihr unternehmerisches Handeln ist. Sondern ein Glaubenssatz oder Verhaltensmuster aus Ihrer Kindheit, das Sie blockiert. Die gute Nachricht: Verhaltensmuster können Sie ändern. Zwar in der Regel nicht komplett aus eigener Kraft. Aber in jedem Fall mit einer professionellen Begleitung – oft reicht auch schon eine spezielle Weiterbildung zum Thema Musterarbeit und Glaubenssätze oder ein entsprechendes Coaching.

Legen Sie also alle Zweifel beiseite und bestimmen Sie, wie viel Sie wirklich verdienen möchten. Wenn Sie noch keine Vorstellung dazu haben, nehmen Sie Ihren bestehenden Lebensstandard als Basis. Der einfachste Weg ist, einen Blick auf die letzte Steuererklärung zu werfen und vom zu versteuernden Einkommen Ihre bezahlte Einkommenssteuer abzuziehen. Dann überlegen Sie sich, wie viel Sie mehr verdienen müssten, damit sich Ihr Leben entspannt und angenehm anfühlt. Denken Sie darüber nach, wie viel Sie pro Monat zukünftig für Ihre Absicherung zurücklegen möchten: 500, 1.000 oder 2.000 Euro?

Fragen Sie sich: Was möchte ich in den nächsten Jahren noch tun, erleben, schaffen? Beispielsweise eine Weltreise, ein halbes Jahr Auszeit oder eine besondere Ausbildung, ein eigenes Haus mit Garten, ein eigenes Pferd oder auf den weltweit schönsten Plätzen Golf spielen. Eine Putzfrau oder ein schickes Auto. Und wie viel Geld würden Sie pro Monat dafür gerne zusätzlich zur Verfügung haben?

Reflexion: Was möchte ich verdienen?

Bisheriger Lebensstandard:

Zu versteuerndes Einkommen (Verdienst)		_____
Abzüglich Einkommenssteuer	-	_____
Einkommen pro Jahr	=	_____
Monatseinkommen	/ 12 =	_____ pro Monat
Zusätzlicher Betrag pro Monat, damit ich mich wohl- und entspannt fühle	+	_____ pro Monat
Zusätzlicher Betrag zur Absicherung	+	_____ pro Monat
Zusätzlicher Betrag für meine Träume	+	_____ pro Monat
Gesamtbetrag pro Monat vor Steuern	=	_____ pro Monat
Umgerechnet auf das Jahr	x 12 =	_____ pro Jahr

Zuzüglich Steuern (bei einem Steuersatz von 50 Prozent ist das nochmal der gleiche Betrag)	+ =	_____ pro Jahr
Zu versteuerndes Zieleinkommen (mein geplanter Verdienst vor Abzug der Steuern)	=	_____ pro Jahr

Nun können Sie Ihren Zielumsatz und Ihren neuen durchschnittlichen Tagessatz ermitteln. Die einzige zusätzliche Zahl, die Sie noch benötigen, ist die Summe Ihrer betrieblichen Kosten. Diese finden Sie in Ihrer Betriebswirtschaftlichen Auswertung (BWA), wenn Sie mit einem Steuerberater arbeiten. Oder ansonsten in Ihrer Einnahmenüberschussrechnung als Summe der Ausgaben.

Schauen Sie sich hierzu das Beispiel in folgender Tabelle an:

Beispiel zur Ermittlung des Zielumsatzes und des durchschnittlichen Tagessatzes					
					Beispiel
1.1	Geplanter Verdienst vor Abzug der Einkommenssteuer				94.000
1.2	Aktueller Verdienst vor Abzug der Einkommenssteuer			-	62.000
1.3	Geplanter Zusatzverdienst	(1.1 - 1.2)		=	32.000
2.1	Notwendige Zusatzkosten zur Steigerung (gleicher Betrag)	aus 1.3		+	32.000
2.2	Meine bisherigen betrieblichen Kosten	aus Ihrer Gewinn- und Verlustrechnung		+	45.000
2.3	Summe meiner zukünftigen betrieblichen Kosten	2.1 + 2.2		=	77.000
3	Zielumsatz, den ich dafür erreichen werde	1.1 + 2.3		=	171.000
4.1	Anzahl Tage, die ich trainiere				149
4.2	Durchschnittlicher Tagessatz	3 / 4.1			1.148

Der Trainer verdiente im letzten Jahr 62.000 Euro (1.2). Er möchte zukünftig 94.000 Euro verdienen (1.1). Er muss also 32.000 Euro mehr verdienen (1.3). Um diesen Betrag zu verdienen, fallen auch zusätzliche Ausgaben an. Da er erfolgreicher werden möchte, haben wir sicherheitshalber die Ausgaben (2.1) genauso hoch angesetzt wie seinen geplanten Verdienst – immerhin muss er in seinen Außenauftritt investieren, in sein Marketing, seine Verkaufs- und Verhandlungskompetenz und möglicherweise auch in eine Bürohilfe.

Unser Trainer addiert nun seine bisherigen Ausgaben laut seiner BWA und die geplanten Zusatzkosten zusammen (2.3). Wenn er nun seinen geplanten Verdienst und seine zukünftigen Kosten addiert (1.1 + 2.3), erhält er seinen zukünftigen Zielumsatz. Und teilt er diesen durch seine geplanten Trainingstage (4.1), so erhält er den Tagessatz, den er zukünftig als durchschnittlichen Tagessatz anstreben sollte (4.2).

Und nun sind Sie an der Reihe:

	**Ermittlung des persönlichen Zieleinkommens aufgrund des geplanten Verdienstes**
				Meine Planung
1.1	Geplanter Verdienst vor Abzug der Einkommenssteuer			
1.2	Aktueller Verdienst vor Abzug der Einkommenssteuer		-	
1.3	Geplanter Zusatzverdienst	(1.1 - 1.2)	=	
2.1	Notwendige Zusatzkosten zur Steigerung (gleicher Betrag)	aus 1.3	+	
2.2	Meine bisherigen betrieblichen Kosten	aus Ihrer Gewinn- und Verlustrechnung	+	
2.3	Summe meiner zukünftigen betrieblichen Kosten	2.1 + 2.2	=	
3	Zielumsatz, den ich dafür erreichen werde	1.1 + 2.3	=	
4.1	Anzahl Tage, die ich trainiere			
4.2	Durchschnittlicher Tagessatz	3. / 4.1		

An dieser Stelle kommt oft die Frage: „Oh je, das erscheint mir aber ziemlich hoch. Kann ich das denn überhaupt erreichen?" Nun, wir können nicht in die Glaskugel sehen. Aber wir sind zuversichtlich, dass Sie Ihre Ziele erreichen können, wenn Sie die entsprechende Kompetenz mitbringen oder sich aneignen, sich Ihre Zahlen im Rahmen der genannten Grenzwerte des Trainermarktes bewegen und Sie sich drei Jahre Zeit dafür geben, konsequent Ihr Geschäft auszubauen.

4.5 Wie bekomme ich einen guten Preis für mein Training?

Welches Honorar Sie für Ihr Training erhalten, hängt nicht nur von Ihrem **fachlichen Können** ab. Ihr Honorar hängt zuallererst einmal von Ihrer **Zielgruppe**, Ihren **Kunden**, dem **Marktumfeld** und dem **Thema**, das Sie trainieren, ab. Das sind die äußeren Rahmenbedingungen, die das grundsätzliche Spielfeld Ihres Honorars bestimmen.

Mit Ihrem **Marktauftritt**, der Darstellung Ihres Angebots und der Positionierung Ihrer Person legen Sie den inneren Rahmen für Ihr Honorar fest. Positionieren Sie sich als Experte oder als Allrounder? In welcher Liga spielen Sie und woran kann Ihr Kunde das sehen?

Das Marktsegment, in dem Sie sich bewegen, und Ihr Marktauftritt, diese beiden Elemente bilden den Rahmen für Ihren erzielbaren Tagessatz.

Mit Ihrem konkreten Angebot und der darauf folgenden Preisverhandlung sind Sie an diesen Rahmen gebunden. Wobei dieser Rahmen in der Regel immer noch genug Spielraum lässt. Das heißt, dass die Honorare in einer konkreten Ausprägung, also bei einem Training speziell für eine ausgewählte Zielgruppe, immer noch je nach Angebotssituation um über 50 Prozent variieren können.

50 Prozent klingt gut. Aber wenn Sie sich in einem niedrigpreisigen Marktsegment bewegen, bedeutet das auch, dass Sie nie über 800 Euro Tagessatz kommen werden – egal, wie Sie sich abstrampeln. Bevor wir uns der Kalkulation eines konkreten Angebots zuwenden, ist es deshalb sinnvoll, sich zuerst einmal die Rahmenbedingungen anzuschauen und zu überprüfen, ob Sie sich überhaupt im passenden Marktsegment befinden.

4.5.1 Einflussfaktor Kundengruppe auf das Honorar

Indem Sie sich gezielt, unbewusst oder gar zufällig auf eine bestimmte Kundengruppe konzentrieren, haben Sie damit schon die erste Entscheidung über die Höhe Ihres Honorars getroffen. Natürlich können Sie sich innerhalb einer Kundengruppe an die Decke strecken, die brisantesten und bestbezahlten Themen herauspicken und durch Hochpreis-Strategie ergänzen. Aber es kann sein, dass der höchste Preis, den ein Kunde in diesem Segment bezahlen kann und möchte, unter dem Einstiegshonorar liegt, das in anderen Kundengruppen für Trainings bezahlt wird.

Branche

Die Branche Ihrer Kunden setzt klare Rahmenbedingungen für die möglichen Tagessätze. Im Handwerk wird in der Regel weniger für ein Training bezahlt als in der Pharma-Industrie. Versicherungen und Banken geben mehr Geld für ein Training aus als Baufirmen. IT- und Technologie-Firmen bezahlen mehr als Einzelhändler. Die Tagessätze für Trainings im Gesundheitswesen, also für Ärzte, Zahnärzte etc., liegen deutlich höher als in Trainings für die Kreativwirtschaft, also für Grafiker, Designer, Texter etc.

Kundengröße

Über zwei Millionen Selbstständige in Deutschland haben keine Mitarbeiter. Ein Riesenpotenzial für Trainings – aber wie groß ist der Hebel, der Produktivitätszuwachs, das Ergebnis, das der **Einzelkämpfer** durch Ihr Training erhält? Und in welcher Relation steht Ihr Trainingspreis zum Umsatz, zum Jahresgewinn oder auch zum Tagessatz des Selbstständigen? Wer nur 400 Euro pro Tag abrechnet, wird schwerlich 2.000 Euro Tagessatz akzeptieren.

Große Konzerne dagegen machen so viel Umsatz und Gewinn und rechnen so hohe Tagessätze ab – da dürfte doch ein Training überhaupt nicht ins Gewicht fallen. Aber gerade große Unternehmen schauen sehr genau auf den so genannten Shareholder-Value, d.h., darauf, dass genügend Gewinn für die Aktionäre übrig bleibt. Und wo wird gespart? Richtig, bei den Ausgaben für die Trainings. Das heißt, es gibt viel zu tun. Und wenn Sie in den Trainerpool aufgenommen werden und sich bewähren, haben Sie einen guten Grundstock für Ihre Auslastung. Aber Ihnen gegenüber sitzen in der Regel Profis, deren Job es ist, möglichst viel Trainingsleistung zu einem möglichst niedrigen Honorarsatz einzukaufen.

Deshalb kann es gut sein, dass Sie bei einem **Mittelständler** bessere Tagessätze erzielen – vorausgesetzt, er ist in der richtigen Branche. Bei einem innovativen, auf Wachstum eingestellten Zulieferer werden Sie in der Regel bessere Preise durchsetzen können als beim klassischen Einzelhändler, der seit Jahren unter Preisdruck steht.

Art des Kunden

Bisher haben wir vor allem Firmenkunden beleuchtet. Aber es gibt nicht nur Firmen. Beispielsweise gibt es den großen Markt der **Non-Profit-Organisationen**. Kommunen, Verbände, gemeinnützige Organisationen und Vereine haben auch Trainingsbedarf. Aber im Vergleich zu den Firmen werden die Trainings hier im Schnitt schlechter bezahlt. Das liegt unter anderem natürlich auch daran, dass diese Organisationen die Mehrwertsteuer nicht absetzen können – Ihre Leistung diesen Kunden also um fast 20 Prozent teurer erscheint.

Am unteren Ende der Tagessätze stehen meist die **Selbstzahler**. Wer das Training aus eigener Tasche zahlen muss, bekommt die Mehrwertsteuer auch nicht zurück. Oft kann er das Training noch nicht einmal von der Steuer absetzen. Und er muss das Training aus seinem so genannten „freien Einkommen" bezahlen. Das ist das Geld, das er nach Abzug der Steuern, der Miete und der Ausgaben für den Lebensunterhalt zur freien Verfügung hat. Bei einem gut verdienenden Angestellten mit Familie könnten das beispielsweise 400 Euro pro Monat sein. Das heißt: Wenn er bei Ihnen ein Training für 2.000 Euro bucht, muss er dafür gefühlt fünf Monate arbeiten!

Wenn Sie solche Zielgruppen im Auge haben, können Sie Ihre Umsatzziele in der Regel nur dann erreichen, wenn Sie **offene Trainings** anbieten. Denn wenn Sie es schaffen, viele Selbstzahler für das gleiche Training zu gewinnen, können Sie Ihren Tagessatz auf alle verteilen und somit ein bezahlbares Training anbieten. Das wiederum kann sehr lukrativ sein: Wenn Sie es schaffen, 20 Teilnehmer für je 200 Euro zu gewinnen, sind das 4.000 Euro. Immerhin nach Bezahlung der Mehrwertsteuer noch 3.360 Euro. Aber in dem Umsatz sind auch die Kosten für die Kundengewinnung enthalten. Denn Sie müssen nicht wie beim Firmentraining einen Kunden gewinnen, sondern 20.

Trainings- und Wissenskultur des Kunden

Kundengruppen können Sie nicht nur nach Größe, Branche und Art bilden, sondern auch nach der **Einstellung zu Trainings**. Firmen mit einer eigenen Abteilung für Personalentwicklung sind aufgeschlossener für neue Trainings. Außerdem wissen sie um den Aufwand, den ein guter Trainer für ein exzellentes Training betreiben muss.

Firmen und Menschen, die sich nie mit dem Thema Training und Wissenstransfer beschäftigt haben, ist das nicht klar. Woher sollen sie auch wissen, wie viel Arbeit in einem Training steckt. Sie haben das Gefühl: Der Trainer kommt, zieht sein Standard-Training ab und geht wieder. Und dafür will er 1.400 Euro? Das kann doch gar nicht sein – im Internet gibt es zu dem Thema Hunderte von Anbietern, die das gleiche Training für 800, 600, 400 oder gar 200 Euro anbieten.

Teilnehmer

Ein interessanter Aspekt im Rahmen der Preissegmentierung sind die Teilnehmergruppen. Eigentlich sind doch alle Menschen gleich. Aber Firmen denken da anders: **Manche Mitarbeiter sind wichtiger als andere und manche Mitarbeiter werden höher bezahlt.** Da erscheint es denn auch logisch, dass die Trainings für diese Teilnehmer mehr kosten müssen.

Also überlegen Sie sich, wen Sie als Teilnehmergruppen anvisieren: Den Vorstand, den Inhaber, die Führungskräfte, die Angestellten oder die Arbeiter. Und achten Sie mal auf die „gefühlte" Hierarchie der Abteilungen. Die sehen Sie an den Budgets, oft aber auch an der Lage und Ausstattung der Büroräume und der Firmenfahrzeuge: Vertrieb und Entwicklung beispielsweise geben oft mehr aus und bezahlen besser für Trainings als die Abteilungen Lager, Logistik und Produktion.

4.5.2 Einflussfaktor Themenwahl auf das Honorar

Zugegeben, in der Wahl Ihrer Trainingsthemen sind Sie als Trainer nicht ganz frei. Ein Trainer benötigt nicht nur die Methodenkompetenz, sondern auch die Themenkompetenz. Aber innerhalb eines Themas gibt es noch unzählige Variationen und manche werden deutlich besser bezahlt als andere. Und sei es nur, sich über eine Kombination von Kundengruppe und Thema als Experte zu positionieren.

Wenn Sie aber feststellen, dass der Markt für Ihr Thema eigentlich schon abgegrast ist, und Sie keine Potenziale für höhere Tagessätze sehen, dann reicht es nicht zu jammern. Sondern es liegt an Ihnen, ein Thema zu identifizieren, das wesentlich attraktiver ist und zu Ihnen und Ihrer Vita passt, und dann einen Plan zu erstellen, wie Sie in den nächsten 18 Monaten in dieses Thema einsteigen können.

Grundsätzliche Themenwahl

Es gibt Trainingsthemen, für die Kunden einfach mehr bezahlen als für andere Trainings. Das kann verschiedene Hintergründe haben: Oft erscheint dem Kunden ein Training nicht so wertvoll und exklusiv, wenn es viele Anbieter dafür gibt oder das Seminar auch leicht im Haus durchgeführt werden kann, oder er hält das Ergebnis für weniger relevant als das anderer Trainings.

So werden Verkaufstrainings und alles, was mit Verkaufen zu tun hat, eher besser bezahlt. Denn mit Verkaufen verbinden Unternehmen Umsatz- und Gewinnsteigerungen – ob diese konkret messbar sind oder nicht. Zumindest leuchtet den meisten Zahlenmenschen und selbst Controllern ein, dass ein Verkaufstraining sich direkt auf den Unternehmenserfolg auswirken kann. Noch höher bewertet werden Trainings für Verkaufssteuerung und Strategie. Denn diese beeinflussen größere Umsatzbereiche, es kann weniger standardisiert werden und es gibt weniger Spezialisten.

IT-Schulungen dagegen stehen auf der anderen Seite der Skala. Diese sind standardisiert, es gibt in der Regel viele Anbieter oder sogar Selbstlern- und Videokurse (ob diese die gleiche Nachhaltigkeit haben, kann der Entscheider oft gar nicht beurteilen). Zudem herrscht oft die Einstellung: Das muss der Mitarbeiter doch selbst lernen können.

Neuheit und Aktualität des Themas

Generell gilt, dass Trainings zu Themen, die schon lange am Markt verfügbar sind und in die sich jemand schnell einarbeiten kann, schlechter bezahlt werden. Denn selbst wenn ein Neueinsteiger nach einer Schnellbleiche nicht die Qualität eines Profis erreichen kann, gibt es doch genügend Trainer, die genau das versuchen (erinnern Sie sich: 50 Prozent aller Trainer haben keine spezifische Trainer-Ausbildung gemacht). Und außerdem gibt es sicher Anbieter, welche für diese Themen inzwischen komplette Train-the-Trainer-Ausbildungen oder gar Lizenzsysteme anbieten. Erschwerend kommt hinzu: Wenn das Thema schon lange im Markt präsent ist wie beispielsweise Zeitmanagement, haben viele Firmen ihre Mitarbeiter schon entsprechend geschult. D.h., eine relativ geringe Nachfrage trifft auf viele Anbieter. Ergebnis: relativ niedrige Tagessätze.

Doch allein, dass ein Thema besonders neu oder aktuell ist, bedeutet noch nicht automatisch, dass auch hohe Tagessätze erzielt werden. Nehmen wir beispielsweise

Burn-out und Work-Life-Balance. Durch die vielen Berichte zum Thema Burn-out sollten sich Seminare zur Vermeidung von Burn-out und/oder Work-Life-Balance-Seminare gut vermarkten lassen. Doch die meisten Trainer in diesen Bereichen sind mit den Tagessätzen und den Trainingsanfragen unzufrieden. Das liegt einfach daran, dass viel mehr Trainer von der Bedeutung dieses Themas überzeugt sind, als es Firmen gibt, die dafür Geld ausgeben möchten.

Diese Konstellation finden wir im Trainingsmarkt immer wieder. Sie ist bei vielen Trainern die eigentliche Ursache dafür, dass sie kein Geld verdienen. Sie wählen ihre Trainingsthemen aus eigenem Erleben, aus Überzeugung oder gar Berufung. Wer selbst ein Burn-out hatte und die Tiefen erlebt hat, möchte gerne andere Menschen davor bewahren. Das ist ganz natürlich. Wer aber von Trainings leben muss, sollte sich immer fragen: „Bin ich mit meinem Trainingsthema auf einer Mission? Möchte ich meine Kunden von meiner Meinung und meinen Erfahrungen überzeugen – oder geht es mir wirklich darum, meine Kunden zu unterstützen und ihre Probleme zu lösen?" Die meisten Missionare sind schlechte Zuhörer. Sie möchten nur eines, ihr Gegenüber von ihrer Meinung überzeugen. Darum geht es aber im Geschäft nicht.

Ein guter Trainer hat die Aufgabe, zuzuhören, herauszufinden, was der Kunde möchte, und ihm dann ein dazu passendes Training anzubieten.

Stellen Sie sich deshalb immer die folgenden Fragen:
- „Gibt es genügend Kunden, die dieses Thema auch als so wichtig empfinden, dass sie bereit sind, dafür Geld auszugeben?"
- „Ist der Trend, der an den Unis und in den Weiterbildungszeitschriften geschildert wird, wirklich schon im Markt angekommen?"
- „Wer bietet hier schon Seminare an und wie viele Kollegen werden sich auch auf diesen Trend stürzen?"

Komplexität und Spezialisierungsgrad des Themas

Wer einfach ein Verkaufstraining anbietet, reiht sich ein in die Reihe der Verkaufstrainer. „Verkaufen leicht gemacht" klingt nach einem Standard-Training, das viele Trainer anbieten. Und wenn Ihr Kunde das Gefühl hat, es ginge um ein Standard-Thema, dann vergleicht er nicht mehr Nutzen und Qualität, sondern den Preis.

Um dem zu entgehen, können Sie **komplexere Ausprägungen des Themas wählen oder sich innerhalb eines Themas spezialisieren**. Es gilt die Regel: Je komplexer oder spezialisierter Ihr Thema ist, desto höher die Bereitschaft, höhere Tagessätze zu bezahlen. Und die Krönung dieses Spiels ist ein Thema, das komplex, speziell und auf eine Kundengruppe zugeschnitten ist.

Hierfür ein paar typische Beispiele:
- Kunden-Rückgewinnung im Investitionsgütermarkt

- Verkauf von IGeL-Leistungen in der Hausarzt-Praxis
- Kommunikation in virtuellen, weltweiten Entwicklungsprojekten bei Automotive-Zulieferern
- ErgoDental – das spezielle Rücken- und Haltungstraining für den Zahnarzt und seine Assistenz

Brisanz eines Themas

Das Problem bei vielen Trainingsthemen ist, dass diese Themen aus Sicht des Kunden zwar wichtig, aber nicht dringend sind. Die Probleme der Überalterung sind zwar inzwischen vielen Unternehmern und Führungskräften bewusst. Aber das Tagesgeschäft und die Erfüllung der operativen Vorgaben sind um so viel drängender, dass dieses Thema immer wieder verschoben wird. Themen dagegen, die aktuell anstehen und betriebsnotwendig sind, werden nicht nur sehr schnell gebucht, sondern auch gut bezahlt. Und zwar nach der Regel: **Je brennender das Problem, desto höher die Bereitschaft, mehr zu bezahlen.**

„Wie motiviere ich meine Mitarbeiter" ist inzwischen ein Standard-Thema und seine vom Entscheider gefühlte Brisanz ist in der Regel gleich null. Wird dagegen eine neue Entgeltstruktur umgesetzt, dann wird das Thema brisant. Allerdings nur, wenn diese Brisanz auch im Titel des Trainings zum Ausdruck kommt, also beispielsweise: „Motivation von Mitarbeitern bei der Umsetzung der neuen Entgeltstrukturen".

4.5.3 Einflussfaktor Verkaufsverpackung auf das Honorar

Schon bevor ein Interessent bei Ihnen anruft, hat er in der Regel Informationen über Sie gesammelt. Und damit gedanklich einen Preisrahmen abgesteckt. Zugegeben, es kann sein, dass er völlig danebenliegt, wenn er aufgrund Ihrer Website davon ausgeht, dass Sie ein Billiganbieter sind. Aber wenn sich dieses Vorurteil gebildet hat, wird es Ihnen schwerfallen, einen deutlich höheren Preis durchzusetzen.

Denn wer Trainings verkauft, verkauft Dienstleistung. Und **Dienstleistung ist unsichtbar.** Ihr Kunde kann Ihr Training nicht ausprobieren, testen oder Probe fahren. Er kann auch keine Testberichte googeln wie beim Kauf eines neuen Notebooks. Und weil er sich von Ihrer eigentlichen Leistung kein Bild machen kann, fällt es ihm schwer, sich einen Mehrnutzen Ihres Trainings vorzustellen. Er ist ja in vielen Fällen weder selbst Trainer noch Spezialist in dem Thema, das er von Ihnen möchte. Sonst würde er ja nicht Sie kontaktieren. Im schlimmsten Fall sind für ihn „alle Trainer gleich". Ob er das Verkaufstraining bei Ihnen, bei Ihrem Kollegen Meier, dem Institut für Verkaufspsychologie oder der VHS bucht, immer geht es darum, mehr zu verkaufen.

Wenn Ihr Kunde aber keinen Unterschied in der Leistung sieht, dann wird er sich an dem Preis orientieren. Das gilt aber auch umgekehrt: Wenn er einen deutlichen Unterschied in der Leistung vermutet, wird er auch bereit sein, dafür zu bezahlen. Denn es geht den meisten Kunden ja um die Lösung eines Problems und nicht darum, möglichst wenig auszugeben.

Es ist deshalb **Ihre Aufgabe, einen Marktauftritt zu schaffen, bei dem Kunden ab der ersten Sekunde Ihre Qualität und Ihren Mehrnutzen sehen**. Denn wie heißt es doch so schön: „Für den ersten Eindruck gibt es keine zweite Chance!" Das gilt für alles, was Ihr Kunde von Ihnen zu Gesicht bekommt, von der Visitenkarte bis zum Auto, von Ihrer Internetseite bis zur E-Mail, von Ihrem Briefpapier bis zu Ihren Schuhen, von Ihrer Pünktlichkeit bis zu Ihrem Auftreten. Allgemein gesagt:

Jedes sichtbare Merkmal Ihres Unternehmens ist Bestandteil Ihrer Verkaufsverpackung und bestimmt mit, in welcher Preiskategorie Sie wahrgenommen werden!

Wenn Sie höhere Honorare durchsetzen möchten, schaffen Sie also eine Verkaufsverpackung, die dieser Absicht entspricht. Beachten Sie aber dabei, dass Sie mit Ihrer Verkaufsverpackung bewusst polarisieren. Das heißt, die **Verkaufsverpackung muss zu Ihrer Zielgruppe passen**. Maßanzug und rahmengenähte Schuhe können von Vorteil sein – aber vermutlich nicht bei Handwerkern.

Da der Kunde Ihre Qualität nicht im Voraus einschätzen kann, müssen Sie ihm diese anhand von **Ersatzindikatoren** sichtbar machen. Ersatzindikatoren sind Merkmale, aus denen der Nicht-Trainer die Qualität Ihrer Leistung ableitet. Diese Ersatzindikatoren geben ihm Anhaltspunkte für Ihre Qualität und damit auch für die Preiskategorie, in der Sie sich bewegen:

- **Abschlüsse und Zertifikate**: Mit Urkunden belegen Sie schwarz auf weiß Ihre Qualifikation. Dazu gehören nicht nur Ihre Diplome, sondern auch Zertifikate über abgeschlossene Zusatzausbildungen oder die Berechtigung, bestimmte Trainings oder Methoden anwenden und verbreiten zu dürfen.
- **Auszeichnungen**: Bewerben Sie sich um Auszeichnungen. Fachverbände wie der BDVT und andere führen Jahr für Jahr solche Benchmarks durch. Für die Gewinner geht es nicht ums Geld, sondern um den Titel „Trainer des Jahres in der Kategorie ..."
- **Testimonials**: Die besten Auszeichnungen sind die Aussagen Ihrer Kunden. Sprechen Sie mit Ihren Kunden. Fragen Sie, was diese an Ihnen schätzen, warum sie Ihre Leistung in Anspruch nehmen. Und vor allem, welche positiven Veränderungen sich aus den Ergebnissen ergeben. Sammeln Sie die besten Aussagen und bitten Sie darum, diese veröffentlichen zu dürfen. Solche „objektiven" Zitate werden Testimonials genannt. Jedes Testimonial signalisiert Ihren Interessenten Glaubwürdigkeit und Qualität. Denn Ihr Kunde ist bereit, mit seinem guten Namen für Ihre Firma geradezustehen.

Hierzu ein Tipp: Oft sind Kunden gerne bereit, ein Testimonial abzugeben. Aber dann kommt nichts. Das liegt nicht daran, dass Ihr Kunde nicht will. Sondern dass sein Tagesgeschäft für ihn dringender ist. Erleichtern Sie Ihrem Kunden die Abgabe des Zitats. Schlagen Sie ihm eine Formulierung vor, die Sie noch vom letzten Gespräch im Ohr haben und bitten Sie darum, diese veröffentlichen zu dürfen. Also beispielsweise nach dem Motto: „Nach unserem letzten Training sagten Sie in etwa: ‚Das war das beste Führungskräfte-Training, das ich in 27 Jahren als Personalentwickler erlebt habe.‘ Das hat mich sehr gefreut. Und ich fände es toll, wenn ich diese Aussage weitergeben dürfte. Ich bin gerade dabei, meine Website zu aktualisieren. Dürfte ich Sie dabei so zitieren? Wenn ich vielleicht etwas nicht richtig verstanden habe, schicken Sie mir doch einfach das Statement so, wie ich es für die Veröffentlichung verwenden darf."

- **Referenzberichte und Projektbeschreibungen**: Menschen lieben Geschichten. Geschichten visualisieren Qualität und Nutzen eines Trainings. Schreiben Sie also über Ihre Trainings Referenzberichte. Schildern Sie den Ausgangspunkt, die Ziele, Ihr Vorgehen, das eigentliche Training und vor allem den Erfolg des Trainings. Damit machen Sie Ihre Leistung vorstellbar, zeigen Ihre methodische Kompetenz, belegen Ihre Erfahrung und stellen sich als Spezialist für diese Art von Training dar.
- **Verbandsmitgliedschaften**: Wenn Sie in einem anerkannten Fachverband wie Gabal, der German Speakers Association (GSA) oder dem BDVT sind, sollten Sie dies auch kommunizieren. Viele Verbände gestatten den Mitgliedern die Übernahme des Verbandslogos in den Internetauftritt und auf das Briefpapier. Durch die Verwendung des Logos eines angesehenen Verbandes übertragen Sie das Image des Verbandes auf Ihre Person und Ihre Firma.
- **Lehraufträge**: Eine Tätigkeit als Lehrbeauftragter unterstreicht Ihre fachlichen Qualitäten als Trainer und Ihre Seriosität. Ihr Qualitätsindikator steigt mit der Reputation des Instituts oder der Universität, an der Sie unterrichten.
- **Veröffentlichungen**: Presseartikel und Bücher suggerieren ebenfalls fachliche Kompetenz und erhöhen gleichzeitig Ihre öffentliche Sichtbarkeit. Die Anzahl und der Umfang Ihrer Veröffentlichungen zeigen Ihren Abstand zum Wettbewerb. Kopieren Sie Ihre Artikel und legen Sie diese den Angeboten bei. Nutzen Sie Ihre Veröffentlichungen auch, um die Position bei Ihren Bestandskunden zu stärken. Schicken sie diesen regelmäßig Ihre neuesten Veröffentlichungen. Oder legen Sie Ihre Artikel einfach den Rechnungen bei – und endlich hat Ihr Kunde einen Grund, sich über Ihre Rechnung zu freuen.

4.6 Wie wird denn ein Trainingspreis richtig kalkuliert?

Sie kennen Ihre Kosten, Sie kennen Ihren Zielumsatz und Sie haben daraus ermittelt, wie hoch Ihr durchschnittlicher Tagessatz sein sollte. Eigentlich ist nun die Kalkulation eines Trainingspreises ganz einfach. Wenn wir das Beispiel auf Seite 81 aufgreifen, dann weiß dieser Trainer, dass er 1.148 Euro pro Trainingstag berechnen möchte. Wenn er eine konkrete Anfrage beantwortet, braucht er also nur zu prüfen, welche Zeiten, die er für dieses Projekt braucht, vom Kunden nicht bezahlt werden und welche Kosten für ihn anfallen, die er nicht weiterberechnen kann.

Und schon hier unterscheiden sich die Angebote und Kalkulationen vieler Trainer:

- Wird die Vorbereitungszeit als Analyse abgerechnet?
- Wird die Vor- und Nachbetreuung der Teilnehmer separat berechnet?
- Sind im Tagessatz die An- und Abreisezeiten enthalten?
- Was ist mit den Fahrkosten?

Ja, es gibt sogar Kunden, die gerne einen Tagessatz inklusive Spesen, Übernachtung und aller weiteren Nebenkosten möchten. Typisch ist dies vor allem für Projekte, die mit öffentlichen Mitteln bezuschusst werden.

Angenommen, unser Trainer bietet ein Projekt mit einem geplanten Volumen von zwölf Trainingstagen zu einem Tagessatz von 1.200 Euro an. Das sind immerhin 52 Euro mehr, als er eigentlich laut seinem Plan abrechnen müsste – ein gutes Geschäft, sollte man meinen, oder?

Aber in der Ausschreibung steht, dass er die Unterlagen für die Teilnehmer zu liefern hat, das sind 12 x 12, also insgesamt 144 Hand-outs zu je 80 Seiten. Dazu kommt, dass er einen Tag vor Ort konkret den Bedarf mit zwei Bereichsleitern abstimmen soll. Dieser Tag und auch die vereinbarte Evaluation/Wirkungskontrolle des angestrebten Transfers sollen laut Kunde im Projektpreis enthalten sein.

Wenn wir annehmen, dass unseren Trainer die farbigen Hand-outs je Exemplar fertig gebunden 20 Euro kosten und er zwei Tage für Bedarfsanalyse und Evaluation benötigt, dann entspricht das einem Wert von 5.280 Euro, den unser Trainer verschenkt. Pro Trainingstag sind das immerhin 440 Euro. Er müsste also eigentlich einen Tagessatz von 1.200 + 440 = 1.640 Euro anbieten.

In der täglichen Hektik gibt es immer wieder Positionen, die man bei einem Angebot übersehen kann. Nehmen Sie deshalb die nachfolgende Tabelle als Anregung und ergänzen Sie diese Schritt für Schritt mit Ihren persönlichen Zusatzleistungen.

Jedes Mal, wenn Sie ein Angebot kalkulieren, gehen Sie einfach Zeile für Zeile durch und prüfen, ob Sie die entsprechende Position extra abrechnen können oder nicht. Falls Sie die Leistung nicht direkt an den Kunden weitergeben können, müssen Sie diese auf die Anzahl der Trainingstage umlegen.

Ermittlung des Tagessatzes inklusive Nebenkosten						
	Kunde: Meier & Oster AG Projekt Führungs-Update	Extra	Inklusive	An- zahl	Betrag pro Einheit	Summe
1	Nebenkosten					
	An-/Abreisezeit	x				
	Fahrkosten	x				
	Spesen	x				
	Übernachtung	x				
	Begleitmaterial		x	144	20	2.880
2	Beratungsleistungen					
	Bedarfsanalyse			1	1.200	1.200
	Entwicklung des Trainings	x				
	Evaluation/Wirkungskontrolle		x	1	1.200	1.200
3	Optimierung Transfer					
	Vorbereitung Teilnehmer	x				
	Nachbearbeitung/Transferhilfe	x				
	E-Mail-Coaching	n.n.				
4	Feedback-Termin	n.n.				
5	Summe nicht bezahlter Aufwendungen					5.280
6	Anzahl Trainingstage			12		12
7	Nicht bezahlte Kosten je Trainingstag	5 / 6				440
7.1	Tagessatz fürs eigentliche Training					1.200
8	Tagessatz inklusive Nebenkosten	7 + 7.1				1.640

Theoretisch wären wir nun mit der Angebotskalkulation fertig. Aber eben nur in der Theorie. Denn um in der Praxis erfolgreich zu werden, reicht es nicht aus, seinen theoretischen Angebotspreis zu kennen. In der Praxis gibt es **drei Faktoren, welche die Honorargestaltung maßgeblich bestimmen**. Das sind:

- **Ihre Kalkulation**: Mithilfe Ihrer Kalkulation können Sie feststellen, wie hoch Ihr Tagessatz sein sollte, damit Sie Ihre Kosten decken und darüber hinaus den Verdienst erzielen, den Sie anstreben.
- **Ihre Konkurrenz-Situation**: Immer wieder erleben wir, dass Trainer zu niedrig anbieten. Wenn wir dann zurückfragen, heißt es: Aber es gibt doch Kollegen, die noch viel niedriger anbieten. Die Wahrheit ist: Das wird es immer geben. Doch es ist nicht gesagt, dass Ihr Kunde überhaupt ein Konkurrenz-Angebot einholt, und selbst wenn, wissen Sie nicht, ob es niedriger ist. Und wenn es niedriger sein sollte: Kaufen Sie immer beim billigsten Anbieter?
- **Ihr Kunde**: Für die meisten Kunden geht es zuerst einmal nicht darum, was das Training kostet, sondern was sie sich vom Training versprechen. Je größer der Nutzen für den Kunden, desto mehr ist er meist bereit auszugeben. Darüber hinaus spielen bei jedem Angebot auch noch Kaufkraft, Situation des Unternehmens bzw. des Selbstzahlers und sein Lebensstandard eine Rolle. Ob Ihr Kunde arm ist oder reich, mag für Sie persönlich egal sein. Für Ihre Preisgestaltung kann es einen riesigen Unterschied machen, ob Ihr Kunde ein Hartz-IV-Empfänger ist, der bei Ihnen auf eigene Rechnung ein Persönlichkeitstraining buchen möchte, oder der Vertriebschef Europa eines Pharma-Konzerns.

Wir nennen diese drei Faktoren das **magische Dreieck der Honorargestaltung**:

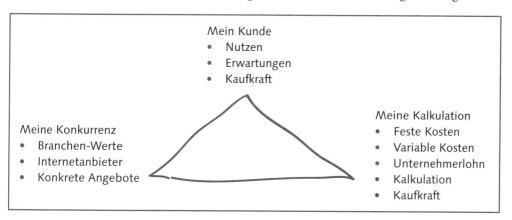

Das magische Dreieck der Honorargestaltung

Bevor Sie Ihren ermittelten Tagessatz anschauen und dann nach unten korrigieren, weil Sie Angst vor der Konkurrenz haben, bedenken Sie:

Wer sich gedanklich immer mit dem billigsten Anbieter vergleicht, vergisst seine Vorteile und verlernt, seine Leistung erfolgreich zu verkaufen.

Nicht der billigste Anbieter gewinnt einen Auftrag, sondern derjenige, der herausfindet, was seinen Kunden wirklich interessiert. Und das ist nicht der Tagessatz, sondern das Ergebnis. Der Trainingseffekt. Der Transfer in die betriebliche oder persönliche Praxis. Denn wer einen Trainer bucht, hat in der Regel ein Problem und beauftragt den Trainer damit, das Problem zu lösen. Und er beauftragt den Trainer, der ihn davon überzeugt, dass er der Beste für dieses Problem ist. Dass er die Erwartungen erfüllt und die gewünschten Ergebnisse bringt.

Gerade weil der Trainingsmarkt so unübersichtlich ist, spielt die **Sicht auf das, was den Kunden wirklich bewegt**, so eine große Rolle. Viele Firmen gerade im Mittelstand haben Angst davor, den Trainingsanbieter zu wechseln oder überhaupt einen externen Trainer zu buchen. Denn sie können nicht einschätzen, wie gut dieser Trainer wirklich ist. Und wenn er gut ist, ob ihre Mitarbeiter wirklich hinterher mehr verkaufen, besser führen oder Reklamationen bearbeiten können.

Das ist Ihre Chance, sich zu positionieren. Nicht nur durch Ihren Marktauftritt und durch Ihre Kompetenz. Sondern indem Sie **konkret durch Referenzen und Beispiele Ihren Trainingserfolg belegen** und dem Kunden **ergänzende Transferunterstützung sowie eine Wirkungskontrolle anbieten**. Mehr Leistung, mehr Umsatz und gleichzeitig eine zusätzliche Positionierung.

Jede Dienstleistung ist letztendlich nichts anderes als ein Tauschgeschäft: Arbeitszeit gegen Geld. Sie arbeiten für Ihren Kunden und erhalten dafür Geld. Mit diesem Geld können Sie wieder Ihr Leben genießen und beispielsweise Urlaub machen. Die Frage bei diesem Tausch ist: Wann ist Ihr Kunde mit diesem Tausch zufrieden? Die meisten Kunden sind dann zufrieden, wenn sie das Gefühl haben, für ihr Geld etwas mehr Training zu erhalten, als sie bezahlen.

Führen Sie sich dieses Bild immer wieder vor Augen: Es geht darum, dass Ihr Kunde das Gefühl hat, mehr Wert zu bekommen, als er bezahlt.

Es geht um den Mehrwert im wahrsten Sinne des Wortes. Und zwar um den gefühlten, nicht den realen Mehrwert.

Stellen Sie sich zwei Trainer mit gleichem Tagessatz vor. Der eine kommt immer pünktlich, ist immer gut drauf und begrüßt alle Ansprechpartner mit Namen. Er hält regelmäßig Kontakt und meldet sich auch nach dem Training, um zu berichten, wie es gelaufen ist. Der andere Trainer bringt die gleichen Inhalte und auch die gleiche Trainingsqualität. Aber ab und an kommt er zu Besprechungen etwas zu spät, er kann sich keine Namen merken, schaut immer etwas verkniffen und seine Mundwinkel sind nach unten geneigt. Das Einzige, was Sie nach dem Training von ihm bekommen, ist eine Rechnung. Welcher Trainer würde Ihnen besser gefallen? Bei welchem Trainer würden Sie sagen: „Er war sein Geld wert"? Und wen würden Sie mit dem nächsten Training beauftragen?

Wenn Sie jemand auffordert, ein preiswertes Angebot zu machen, meint er damit nicht: „Ich will den niedrigsten Preis, den man überhaupt nur anbieten kann." Sondern er meint: „Bitte erstellen Sie ein Angebot, in dem die Leistung, die ich erhalte, mehr wert ist als das, was ich Ihnen dafür bezahle."

Besonders interessant wird es, wenn Ihr zukünftiger Auftraggeber selbst gar nicht an den Trainings teilnimmt. Dann kann er gar nicht sehen, was Sie wirklich genau tun und wie gut Sie wirklich sind. In diesem Fall wird er nicht den Nutzen mit dem Preis vergleichen, sondern den für ihn sichtbaren und für ihn interessanten Nutzen. Und das kann ein großer Unterschied zu dem Nutzen sein, den Sie wirklich erbringen.

Denn je nachdem, wer Ihr Auftraggeber ist und wie er tickt, schaut er auf völlig andere Dinge: Ist Ihr Auftraggeber ein typischer Einkäufer? Dann interessieren ihn Punkte wie Preis-Leistungs-Verhältnis, Termintreue, geringe Verwaltung, hohe Qualität und wie Sie diese sicherstellen, hohe Rabatte und eine möglichst reibungslose Abwicklung. Kommt er aus der Personalentwicklung? Dann interessieren ihn die Hintergründe: Auf welcher Basis arbeiten Sie, mit welchen Erfahrungen und welchen Methoden. Wie werden Sie vorgehen und wie stellen Sie den Transferprozess sicher? Sprechen Sie mit dem Chef persönlich? Der möchte vor allem Ergebnisse, Ergebnisse, Ergebnisse. Dass seine Mitarbeiter endlich tun, was er sagt und genau so, wie er es sagt. Dass sie nach einer kurzen Analyse schon die Lösung haben und diese schnellstmöglich und mit dem geringsten Aufwand umsetzen. Wobei er bereit ist, auch mehr auszugeben, wenn Sie ihm erklären, was er von diesen Mehrkosten hat und wie sich das auf sein Betriebsergebnis auswirken wird.

Wieso ist es so wichtig, bei jedem individuellen Angebot, das Sie erstellen, das magische Dreieck abzuchecken? Weil es ansonsten sein kann, dass Sie Geld verschenken – oder sich mit Ihrem Angebot aus dem Rennen kalkulieren. Beides ist unbefriedigend. Wenn Sie nur nach Ihrer persönlichen Kosten- und Verdienstsituation Ihr Angebot kalkulieren und Sie liegen unter den Vorstellungen Ihres Kunden, wird er es Ihnen nicht sagen. Er wird das Angebot annehmen und möglicherweise wird er trotzdem sogar vorher noch verhandeln. Denn nur so kann er sicher sein, dass er von Ihnen den besten Preis erhält.

Wenn Sie ein individuelles Trainingsangebot erstellen, sollten Sie sicherstellen, dass Sie die Situation, in der Sie anbieten, möglichst komplett erfassen. Dazu hat sich der folgende **Acht-Punkte-Plan** bewährt:

Haben Sie die Angebotssituation vollständig nachvollzogen?

1. Welche Leistung erwartet der Kunde genau von Ihnen?
2. Finden Sie den wirklichen Nutzen für den Kunden heraus.
3. Schätzen Sie, wie viel dieser Nutzen Ihrem Kunden wert ist.
4. Überlegen Sie sich, welche Alternativen Ihr Kunde zu Ihrem Angebot hat.
5. Notieren Sie Ihren Nutzenabstand zu den Alternativen.
6. Bewerten Sie Ihren Nutzenabstand zur Konkurrenz.
7. Legen Sie nun den Trainingspreis fest.
8. Machen Sie die Gegenprobe, indem Sie Ihren Aufwand kalkulieren.

Nehmen Sie nun ein aktuelles Angebot oder eines, das Sie in den letzten Monaten abgegeben haben, und spielen Sie die Schritte einmal komplett durch:

Schritt 1: Welche Leistung erwartet der Kunde genau von Ihnen?

Sind Sie sicher, dass Sie genau wissen, welche Trainingsleistung Ihr Kunde von Ihnen erwartet? Oft sind wir als Trainer in unsere eigenen Produkte verliebt oder haben schon so oft ein Thema trainiert, dass wir nicht mehr zuhören. Wie leicht ist ein Angebot kopiert und ... trifft daneben. Finden Sie heraus, welche Leistungen Ihrem Kunden besonders wichtig sind – und was Sie möglicherweise gar nicht anbieten brauchen, weil es ihn nicht interessiert.

Je genauer Sie wissen, was Ihr Kunde von Ihnen möchte, desto besser können Sie kalkulieren und Ihr **Angebot auf** seine **Erwartungen abstimmen**. Das spielt auch für das Schreiben des Angebots eine Rolle, denn dort sollten Sie genau diese Erwartungen und Ziele aufgreifen und **in den Worten Ihres Kunden formulieren**. Je besser sich Ihr Kunde in Ihrem Angebot wiederfindet, desto größer sind die Chancen Ihres Angebots.

Schritt 2: Finden Sie den wirklichen Nutzen für den Kunden heraus

Sie kennen nun den Leistungsumfang, den Sie anbieten möchten. Finden Sie nun heraus, was Ihr Kunde davon hat. Kunden beauftragen Sie, weil sie etwas erreichen möchten. Beispielsweise einen effektiveren Umgang mit der neuen Software, mehr Neukunden, höhere Umsätze mit den Bestandskunden, ein besseres Klima im Team, dass die Führungskräfte endlich in die Führung gehen oder dass die Mitarbeiter tun, was der Chef sagt.

Sich über den Kundennutzen klar zu werden, ist der wichtigste Schritt. Denn wenn Sie später mit dem Kunden verhandeln und er über Preise diskutiert, ist es Ihre Aufgabe, immer wieder zum Nutzen zurückzukommen. Schließlich beauftragen Kunden Sie nicht aus Vergnügen, sondern um Ergebnisse zu erzielen.

Schritt 3: Schätzen Sie, wie viel dieser Nutzen Ihrem Kunden wert ist

Die schwierigste Aufgabe ist es, herauszufinden, wie viel der Nutzen dem Kunden wirklich wert ist. Angenommen, Sie sollen den Vertriebsinnendienst zum Thema Reklamationen schulen. Was verspricht sich Ihr Kunde davon? Dass zukünftig bei jeder vierten Reklamation keine Gutschrift erstellt werden muss? Dass die Gutschriften um zehn Prozent zurückgehen? Über wie viel Geld sprechen wir hier denn? Oder Ihr Kunde fragt eine Teambildung an, weil in einem Projektteam schon zwei Mitarbeiter gegangen sind. Was schätzt er, wie hoch die Kosten für einen Mitarbeiter sind, bis er wirklich produktiv ist? Die Antworten liegen je nach Kunde bei sechs bis 18 Monatsgehältern pro neuen Mitarbeiter. Und dabei ist noch nicht berücksichtigt, was Projektverschiebungen oder Ausfälle kosten könnten. Da ist ein Team-Training doch eine gute Investition!

Aber **achten Sie darauf, dass es nicht Ihre Sicht der Dinge ist, um die es geht**. Niemand mag Besserwisser. Und niemand hört Besserwissern zu. Hier geht es darum, in die Mokassins Ihres Kunden zu schlüpfen und herauszufinden, was er denkt und wie viel Geld ihm dieses Thema wert ist.

Folgende Fragen können Ihnen dabei helfen:
* Wer genau ist die Firma, die anfragt?
* Wie ist die Firmenkultur, wie der Umgang mit Lieferanten?
* Werden Skills wie die Ihren gesehen und wertgeschätzt?
* Gibt es eine Personalentwicklungsabteilung?
* Wer ist derjenige, der über die Investition entscheidet?
* Was ist er für ein Käufer-Typ: Maßanzug, Markenware oder Grabbeltisch, Porsche oder Golf, Neuwagen oder alte Gurke?
* Was ist er für ein Entscheider-Typ: Emotionen oder Zahlen, Daten, Fakten?
* Wie viel Geld hat das Unternehmen, das Werk, die Abteilung, die Familie des Selbstzahlers zur Verfügung?
* Wie viel Budget verantwortet der Entscheider?
* Welches Budget hat er für dieses Projekt geplant?
* Wie hoch ist sein Einkommen / Gewinn / Umsatz?
* Was gibt er sonst pro Monat aus – und wofür?
* Wie viel hat er bisher für diese Leistung ausgegeben?
* Was kann er mit dem Ergebnis Ihrer Leistung anfangen?
* Welche Bedeutung hat das Ergebnis für ihn persönlich?

Schritt 4: Überlegen Sie sich, welche Alternativen Ihr Kunde zu Ihrem Angebot hat

Notieren Sie, welche Konkurrenten im Spiel sind. Und überlegen Sie, was Ihr Kunde noch machen könnte, um sein Problem zu lösen. Folgendes Formular hilft Ihnen dabei:

Konkurrent 1 _____

Konkurrent 2 _____

Konkurrent 3 _____

Alternativ könnte der Kunde noch Folgendes tun, um zu einem aus seiner Sicht ähnlichen Ergebnis zu kommen:

_____

Was würde beim Kunden passieren, wenn er die Entscheidung um sechs Monate vertagt?

_____

Welche Auswirkungen hätte es für den Kunden, wenn er entscheidet, gar nichts zu tun und den Zustand so zu lassen, wie es ist?

_____

Schritt 5: Notieren Sie Ihren Nutzenabstand zu den Alternativen

Vergleichen Sie nun Ihre Lösung hinsichtlich der für den Kunden wichtigen Vorteile mit den anderen Alternativen. Notieren Sie die Vorteile, die Ihr Kunde bei Ihnen hat. Nun vergleichen Sie den Abstand zu diesen Alternativen bzw. zu Ihren Konkurrenten auf einer Skala von -10 (katastrophal) über 0 bis hin zu 10 (= ausgezeichnet). Da Sie in den meisten Fällen keine eindeutigen Informationen zum Konkurrenz-Angebot erhalten, vergeben Sie die Punkte einfach impulsiv aus Ihrem Bauch heraus. Folgende Tabelle unterstützt Sie dabei:

Nutzenabstand							
Funktionen/ Nutzen/ Vorteil	Kunde: _____ Aufgabe: _____						
	Konkurrent/ Alternative	Konkurrent/ Alternative	Konkurrent/ Alternative	Konkurrent/ Alternative	Meine Leistung	Abstand (-10 bis +10)	Vorteil in Euro

98

Qualität							
Liefer-termin							
Preis							

Schritt 6: Bewerten Sie Ihren Nutzenabstand zur Konkurrenz

Nun schätzen Sie Punkt für Punkt, wie hoch Ihr Kunde Ihren Nutzenabstand im Vergleich zu den anderen Handlungsalternativen empfinden wird und wie viel mehr er dafür auszugeben bereit wäre. Ergänzen Sie die Werte in der Tabelle in der letzten Spalte. Zugegeben, es ist ein Ratespiel. Aber es schärft Ihre Sinne. Und wenn Sie sich diese Frage immer wieder stellen, werden Sie ein Gefühl für die Sache entwickeln.

Schritt 7: Legen Sie nun den Trainingspreis fest

Grundsätzlich können Sie eine **Niedrigpreis**-, eine **Hochpreis**- oder **Mittelfeld**-**Strategie** fahren. Diese sollte sich in Ihren Tagessätzen widerspiegeln. Ihre Preise müssen sich mit Ihrer Positionierungsstrategie decken. Auf diesen kalkulatorischen Tagessatz können Sie dann für jedes Angebot aufgrund der Nutzen-Bewertungen Zu- und Abschläge vornehmen.

Als Trainer sind Sie in der Anzahl der Trainingstage begrenzt. Der Eigentümer einer Einzelhandelskette eröffnet, wenn er mehr verdienen möchte, einfach eine neue Filiale – aber Ihre Anzahl Stunden ist begrenzt und Sie können dann im Niedrigpreis-Segment nur noch wachsen, wenn Sie auch weitere Mitarbeiter einstellen. Deshalb können wir die Niedrigpreis-Strategie nicht empfehlen. Außerdem gilt, wenn Sie einmal den Ruf eines Billigheimers weghaben, bleibt dieser an Ihnen kleben.

Attraktiver ist die Hochpreis-Strategie. Wieso sollten Sie nicht als cooler Star-Trainer Tagessätze von 2.400 Euro oder mehr nehmen? Sie müssen viel weniger arbeiten, um über die Runden zu kommen. Stellen Sie aber sicher, dass **Preis und Leistung in einer gesunden Balance** sind. Ansonsten gelten auch hier die goldenen Worte des Volksmunds: „Lügen haben kurze Beine." Wer sich im Hochpreis-Segment positioniert, muss seine Hausaufgaben hinsichtlich Positionierung und Inszenierung gemacht haben und eine exzellente Leistung bringen. Wenn Sie überzeugt sind, dass Sie dem Kunden einen überdurchschnittlichen Nutzen bringen können und er das auch so erleben wird, sind Sie mit der Hochpreis-Strategie genau richtig.

Sollten Sie sich aber unsicher sein, positionieren Sie sich am besten im gehobenen Mittelfeld. Damit signalisieren Sie Ihren Qualitätsanspruch und haben auch noch Luft für eventuelle Rabatt-Verhandlungen.

Schätzen Sie nun, wie Sie Ihr Kunde wahrnimmt:

- Niedrigpreis-Segment
- Mittelfeld
- Premium-Anbieter

Versetzen Sie sich nun in die Lage Ihres Kunden. Berücksichtigen Sie, was Sie über sein Budget, seinen Kaufstil, seine finanzielle Situation, seinen Leidensdruck und seine Ziele, die er mit dem Auftrag erreichen möchte, wissen.

Tragen Sie Ihre Schätzung im folgenden Formular ein:

Wie viel ist der Kunde bereit, für diese Leistung zu zahlen:

_____ Euro

Wie wird Ihre Konkurrenz anbieten bzw. was werden die anderen Handlungsalternativen kosten?

1. Konkurrent/Handlungsalternative

_____ Euro

2. Konkurrent/Handlungsalternative

_____ Euro

3. Konkurrent/Handlungsalternative

_____ Euro

Schauen Sie noch einmal in die Tabelle aus Schritt 5. Wie hoch ist Ihr Nutzenabstand zur Konkurrenz? Und nun zur Einschätzung Ihres Kunden: Sieht er Sie als Niedrigpreis-, Mittelfeld- oder Premium-Anbieter?

Ausgehend von diesen Überlegungen, können Sie nun Ihre Entscheidung treffen:

Ich kann zu _____ Euro anbieten, denn

_____

_____

_____

_____

Schritt 8: Machen Sie die Gegenprobe, indem Sie Ihren Aufwand kalkulieren

Nun ist es an der Zeit, Ihren eigentlichen Aufwand festzustellen. Ausgangspunkt ist die Angebotscheckliste, mit der wir am Anfang dieses Kapitels schon gearbeitet haben. Allerdings ermitteln Sie nun nicht nur Ihren Tagessatz, sondern bilden drei Szenarien:

- Normal: d.h. so, wie Sie aufgrund Ihres Zielumsatzes anbieten würden.
- Niedrig: Hier notieren Sie Ihre Preisuntergrenzen. D.h., was ist der unterste Preis, zu dem Sie arbeiten würden, um dieses Projekt anzunehmen? Voraussetzung: Sie sind noch nicht gut ausgelastet.
- Hoch: d.h., wie hoch trauen Sie sich zu, Ihre Leistung maximal bezahlen zu lassen?

Ermittlung des Tagessatzes inklusive Nebenkosten für die drei Szenarien										
					Normal		Niedrig		Hoch	
	Kunde: Meier & Oster AG Projekt Führungs-Update	Extra	Inklusive	Anzahl	Betrag pro Einheit	Summe	Betrag pro Einheit	Summe	Betrag pro Einheit	Summe
1	Nebenkosten	x								
	An-/Abreisezeit	x								
	Fahrkosten	x								
	Spesen	x								
	Übernachtung	x								
	Begleitmaterial		x	144	20	2.880	12	1.728	45	6.480
2	Beratungsleistungen									
	Bedarfsanalyse		x	1	1.200	1.200	480	480	1.600	1.600
	Entwicklung des Trainings	x								
	Evaluation/ Wirkungskontrolle		x	1	1.200	1.200	480	480	1.600	1.600
3	Optimierung Transfer									
	Vorbereitung Teilnehmer	x								
	Nachbearbeitung/ Transferhilfe	x								
	E-Mail-Coaching	n.n.								
4	Feedback-Termin	n.n.								

5	Summe nicht bezahlter Aufwendungen					5.280		2.688		9.680
6	Anzahl Trainingstage			12		12		12		12
7	Nicht bezahlte Kosten je Trainingstag	5 / 6				440		224		807
7.1	Tagessatz fürs eigentliche Training					1.200		1.200		1.200
8	Tagessatz inklusive Nebenkosten	7 + 7.1				1.640		1.424		2.007

Jetzt vergleichen Sie diese drei Alternativen mit dem Projektpreis, den Sie in Schritt 7 ermittelt haben. Wenn Ihr kalkulierter Projektpreis niedriger liegt als der Preis, den Ihre Leistung in den Augen Ihres Kunden wert ist, ist alles in Ordnung. Dann bieten Sie zu dem Preis an, den Sie in Schritt 7 ermittelt haben, maximal aber zu Ihrem Höchstsatz. Falls der Preis aus Schritt 7 niedriger ist als Ihr kalkulierter Projektpreis, dann überlegen Sie sich, ob Sie wirklich niedriger anbieten möchten. Manchmal ist es nicht der Kunde, der den niedrigeren Preis im Kopf hat, sondern wir sind es selbst. Wenn Sie überzeugt sind, dass Sie sich keine geistige Falle stellen, dann bieten Sie niedriger an – nie unter Ihrer Preisuntergrenze.

4.7 Wie kann ich zukünftig deutlich mehr verdienen?

Im Abschnitt über die Einflussfaktoren auf die Honorargestaltung haben wir gezeigt, dass es keinen einheitlichen Tagessatz gibt. Es ist ganz natürlich, dass für das gleiche Training unterschiedliche Preise bezahlt werden. Das gibt es überall, selbst die Fluggesellschaften machen es uns vor: kaum ein Flug, in dem die Passagiere nicht zu mindestens einem Dutzend unterschiedlicher Preise fliegen. Ohne zu murren werden für den gleichen Flug 30 oder 270 Euro gezahlt, obwohl jeder zur gleichen Zeit startet und ankommt. Weil dahinter klare, nachvollziehbare Regeln stehen, fühlt sich niemand benachteiligt. So kann jeder Kunde sich den zu seinem Budget passenden Regeln anpassen.

Die Fluggesellschaften nutzen konsequent das Instrument der so genannten **Preisdifferenzierung**. Die Preisdifferenzierung eröffnet Ihnen zwei fantastische Perspektiven: In Richtung Premium-Segment winken höhere Deckungsbeiträge für fast gleiche Leistungen. Und mit niedrigeren Preisen können Sie, wenn Sie nicht ausgelastet sind, noch zusätzlichen Umsatz generieren. Selbst wenn Sie schon im

Premium-Trainingssegment angekommen und ausgelastet sind, bietet Ihnen die Preisdifferenzierung noch Chancen, um Ihren **Umsatz und Ihren Gewinn zu erhöhen**. Denn auch das Premium-Trainingssegment ist nichts anderes als ein eigener Markt. Das bedeutet, dass Sie auch hier wieder die Preise sehr fein differenzieren können, z.B. so, wie der Kreditkartenanbieter American Express den Premium-Markt wiederum in die Gold- und die Platin-Card aufteilt.

Dem selbstständigen Trainer hilft die Preisdifferenzierung nicht nur, seinen Geschäftserfolg zu steigern. Bei guter Auftragslage ist die Preisdifferenzierung ein **Instrument, um die Aufträge nach eigenen Leidenschaften, Vorlieben und Interessen zu steuern**. Sie möchten zukünftig nicht mehr so weit reisen? Dann machen Sie Kunden aus Ihrer Region einen besseren Preis – oder erhöhen Sie die Tagessätze für Auswärtstrainings. Sie möchten mehr Singles in Ihren Work-Life-Balance-Seminaren? Schon mal über einen Single-Tarif nachgedacht? Sie möchten nicht mehr so viel an den Wochenenden trainieren? Verdoppeln Sie den Preis für die Wochenendtrainings.

Ihrer Fantasie sind dabei fast keine Grenzen gesetzt: Sie können Preise nach Regionen, Themen, Kundengruppen, Branchen, Betriebsgrößen, Trainingsterminen, Lieferterminen und/oder der Kaufkraft Ihrer Kunden differenzieren. Ihre Aufgabe ist es, ein eigenes Preis-System zu entwickeln. Also Regeln festzulegen, die klar, wahr und nachvollziehbar sind. So vermeiden Sie, unglaubwürdig zu werden, wenn sich zwei Ihrer Kunden treffen und sich über Ihre Preise unterhalten. Wenn Sie für Berufseinsteiger einen günstigeren Preis haben und das jedem Berufseinsteiger so anbieten, ist es eine Regel. Und jeder selbstständige Trainer hat das Recht, die Regeln für seine Preise selbst zu gestalten.

Nachfolgend ein paar Anregungen für Ihr zukünftiges Honorarsystem:

Differenzieren Sie nach Art der Leistung

Unterschiedliche Preise für ein und die gleiche Person? Ist das denn statthaft? Selbstverständlich. Nehmen wir doch mal ein Beispiel zu Gunsten eines Kunden:

Vielen Kunden missfällt es, wenn Sie für die An- und Abreise die gleichen Stundensätze verlangen wie für das eigentliche Training. Aus Sicht Ihres Kunden ist klar, dass Autofahren nicht so anstrengend ist wie ein Training – und auch nicht direkt zum Wert des Trainings beiträgt. Für Sie als Trainer dagegen ist ganz klar: In der Zeit, in der Sie im Auto sitzen, könnten Sie andere Trainings machen. Da Sie aus Sicht Ihres Kunden beim Autofahren eindeutig überbezahlt sind, wird er in diesem Fall gerne einer Preisdifferenzierung zustimmen.

Ihre Aufgabe ist es, die Preise so zu gestalten, dass sowohl Sie als auch Ihr Kunde zufrieden sind. Sie können beispielsweise andere Stundensätze für die Analyse, die Entwicklung des Trainings, die Begleitung des Transfers nach dem eigentlichen Training, die Evaluation, die Wirkungskontrolle und für Ihre Fahrtzeiten anbieten.

Angenommen, Sie möchten beispielsweise Ihre Teilnehmer nach dem Training gerne noch per Mail begleiten, weil es den Transferprozess sichert, Ihre Bindung zu den Teilnehmern stärkt und es Ihnen ermöglicht, weitere Trainings zu verkaufen. Aber bisher wurde das von Ihren Kunden immer aufgrund der hohen Stundensätze verworfen. Dann wäre es an der Zeit, diese Leistungen zu einem günstigeren Stundensatz anzubieten.

Differenzieren Sie nach dem KBF

Würden Sie mit dem Feuerwehrmann diskutieren, was der Einsatz kostet, wenn Ihr Haus in Flammen steht? Natürlich nicht – entscheidend ist an der Stelle nur, dass er so schnell wie möglich kommt und den Brand löscht. Das nennt man in Fachkreisen den Kittel-Brenn-Faktor, auch KBF abgekürzt.

Es gilt die Regel: Je dringender es Ihr Kunde hat und je größer sein Problem, also sein KBF, desto höher schätzt er den Wert Ihrer Leistung ein und desto eher ist er bereit, einen entsprechend höheren Tagessatz zu bezahlen. Das gilt auch für einen bestimmten Termin. Wenn Sie schon zwischen den Jahren oder an einem Feiertag trainieren sollen, dann muss wenigstens der Preis dafür stimmen.

Welchem Leidensdruck unterliegt Ihr Kunde?

Überlegen Sie einmal: Welche Trainings- und Kundensituationen weisen einen hohen KBF auf?

1. _____
2. _____
3. _____

Und nun die Gretchenfrage dazu: Wie könnten Sie Ihre Tagessätze in diesen Situationen höher und / oder anders abrechnen?

1. _____
2. _____
3. _____

Schnüren Sie Pakete

Angenommen, Ihr Kunde möchte für einen Trainingsblock einen festen Preis. Aber Sie sind nicht sicher, wie viel er wirklich für das Training ausgeben möchte. In dem Fall gibt es die Möglichkeit, mehrere Pakete zu schnüren.

Sie könnten beispielsweise folgende Pakete schnüren:

Das Einsteiger-Paket

Sie führen die Analyse auf der Basis eines E-Mail-Fragebogens telefonisch durch.

Die Organisation von Hotel, Tagungsräumen, Essen etc. obliegt dem Kunden. Sie reisen an, halten das Training ab und fahren wieder heim. Die Teilnehmer-Unterlagen erhält der Kunde per E-Mail und muss sie selbst drucken.

Wir wissen, dass viele Trainer die Teilnehmerunterlagen nicht per Mail verschicken. Sie befürchten, dass der Kunde oder ein Teilnehmer die mühsam erarbeiteten Unterlagen kopiert und für eigene Trainings verwendet. Diese Sorge ist nicht unberechtigt. Allerdings kann heute jeder Zehnjährige mit einem Scanner umgehen und die Texterkennungsprogramme generieren aus einem Text komplette Word-Dokumente. Dazu kommt, dass zwei Mausklicks entfernt im Internet Hunderte von Präsentationen liegen und es Anbieter gibt, die komplette Trainingsunterlagen für nicht einmal 100 Euro anbieten.

Übung Einsteiger-Paket

Die Entscheidung, ob Sie Einsteiger-Pakete anbieten und wie Sie diese gestalten, liegt bei Ihnen – und nur bei Ihnen. Angenommen, Sie würden eine Einsteiger-Lösung schnüren, wie könnte diese dann aussehen?

Das Standard-Paket

Sie fahren vor Ort und führen drei Interviews durch. Aufgrund der Zielsetzung des Kunden und dieser Befragung entwickeln Sie ein individuelles Trainingskonzept. Die Organisation von Hotel, Tagungsräumen, Essen etc. obliegt dem Kunden. Sie reisen an, halten das Training ab und fahren wieder heim. Die Teilnehmer erhalten die Unterlagen in gedruckter Form vor Ort. Ergänzend zu der Evaluation vor Ort führen Sie nach dem Training eine Befragung per E-Mail durch und stellen dem Kunden einen Trainingsbericht zur Verfügung.

Wie könnte Ihr Standard-Paket aussehen?

Das Premium-Paket

Sie fahren vor Ort und führen drei bis fünf Interviews durch. Aufgrund der Zielsetzung des Kunden und dieser Befragung entwickeln Sie ein individuelles Trainingskonzept. Dieses stimmen Sie im Detail vor Ort mit dem zuständigen Ansprechpartner ab.

Sie übernehmen die Organisation des gesamten Trainings inklusive Hotel, Tagungsräumen, Essen und so weiter. Die Teilnehmer erhalten vorab Unterlagen zur Einstimmung. Das Training führen Sie im Duo mit einem Kollegen durch und stellen so eine Premium-Trainingsqualität sicher. Die Teilnehmer erhalten die Unterlagen sowohl elektronisch als auch in gedruckter Form. Jeder Teilnehmer erhält die

Möglichkeit zu einem E-Mail-Coaching. Über die Evaluation hinaus begleiten Sie den Transferprozess durch mehrere Telefon Interviews und analysieren aufgrund vereinbarter Kennzahlen z.B. zum Neukunden-Geschäft die Wirkung des Trainings.

Wie könnte Ihr Premium-Paket aussehen?

Differenzieren Sie nach Zielgruppen

Wenn Sie das Knowhow und die Kontakte haben, um Ihr Training in mehreren Zielgruppen zu vermarkten, können Sie für diese auch unterschiedliche Preise verlangen. Voraussetzung dafür ist aber, dass Sie das Trainingsangebot in Darstellung, Sprache und Beispielen der jeweiligen Zielgruppe anpassen und die Teilnehmer wirklich das Gefühl haben: Passt!

Übung Zielgruppendifferenzierung

Denken Sie deshalb nochmal darüber nach, welche Zielgruppen Sie mit Ihren Trainings bedienen können. Und wie diese auf Ihre bisherigen Preise reagiert haben. Identifizieren Sie Kundengruppen mit unterschiedlichen Preispotenzialen.

1. Trainingsthema	Zielgruppe	Preis
	1.	
	2.	
	3.	
2. Trainingsthema		
3. Trainingsthema		

Treffen Sie Bonus-Vereinbarungen

Oft ist es so: Ihr Kunde möchte noch einen Nachlass. Und Sie möchten eine sichere Auslastung. Bieten Sie Ihrem Kunden in diesem Fall an, dass er nach der Abnahme einer bestimmten Anzahl von Trainingstagen eine Gutschrift erhält. Die Gutschrift hat gegenüber einem günstigeren Tagessatz einen riesigen Vorteil: Sollte Ihr Kunde – aus welchen Gründen auch immer – die Anzahl Trainingstage nicht erreichen, so haben Sie den höheren Betrag auf dem Konto. Wenn Sie dagegen gleich den niedrigeren Tagessatz vereinbaren und abrechnen, müssten Sie anschließend die Differenz zum eigentlichen Tagessatz nachberechnen.

Differenzieren Sie nach dem Trainingstermin

Das größte Problem von Trainern ist es, eine möglichst gleich bleibende Auslastung zu erreichen. Es scheint nur zwei Zustände zu geben: zu viele Trainingsanfragen und Termine oder zu wenig. Nutzen Sie das Instrument der Preisdifferenzierung, um endlich die Schwankungen in Ihrer Auslastung zu reduzieren.

Es ist immer schwierig, mit Zuschlägen zu arbeiten. Wer will gerne mehr zahlen. Aber aus der Reisebranche können Sie beispielsweise die Idee der Frühbucher-Konditionen übernehmen. Denn je früher Sie Ihre Auftragsbücher füllen, desto entspannter und konzentrierter können Sie trainieren. Vor allem aber: Wenn Sie wissen, dass Sie schon zu 70 Prozent ausgelastet sind, verhandelt es sich weitaus entspannter über Tagessätze, als wenn Ihre Kunden immer nur kurzfristig buchen.

Überprüfen Sie, wann bei Ihnen die Saure-Gurken-Zeit beginnt. Viele Trainer haben während der Ferienzeit nicht genug zu tun. Bieten Sie Ihren Kunden statt eines Preisnachlasses doch einmal an, das Training hier durchzuführen.

Übung Trainingstermin

Welche Saison- oder Frühbucher-Angebote oder anderen zeitlichen Differenzierungen können Sie anbieten? Was ist Ihre Saure-Gurken-Zeit? Wie könnten Sie Ihre Auslastung stabilisieren? Wie könnten Sie Ihre persönlichen Interessen bezüglich Ihrer Trainingstermine über den Preis steuern?

1. _____

2. _____

3. _____

Bieten Sie Zusatzleistungen getrennt an

Spätestens, wenn Ihr Tagessatz an der Obergrenze dessen liegt, was Ihre Kunden akzeptieren, wird es Zeit, Ihre Nebenleistungen von der Pauschale zu trennen. Dabei geht es nicht nur um Reisekosten und Spesen, um die Vor- und Nachbereitung, um die Analyse, die Evaluation, die Erstellung von Unterlagen oder die Entwicklung eines speziellen Trainings. Was ist mit der Abstimmung der Inhalte – als kostenpflichtige Leistung Regie-Gespräche genannt? Mit einem Seminarbericht, der Nachbetreuung der Teilnehmer, der Evaluation und der Wirkungskontrolle. Alles, was Sie außerhalb der eigentlichen Trainingszeit tun, können Sie möglicherweise separat abrechnen. Darüber hinaus aber können Sie auch in Ihrem Training Zusatzleistungen anbieten, beispielsweise Rollenspiele, Video-Aufnahmen, spezielle Trainingsmaterialien oder die Erhöhung der Trainingsqualität durch den Einsatz eines zweiten oder gar dritten Trainers.

Übung Zusatzleistungen

Überlegen Sie, welche Leistungen Sie bisher als selbstverständlich im Tagessatz inkludiert haben und ob Sie diese in bestimmten Fällen zusätzlich berechnen können:

1. _____

2. _____

3. _____

Differenzieren Sie nach dem Tagungsort

Durch die aktive Gestaltung Ihrer Reisekosten können Sie Ihre Reisezeiten minimieren, Ihre regionalen Zielmärkte fokussieren und Ihre persönlichen Reisevorlieben fördern. Oder anders gesagt: Nehmen Sie die Reisekosten auf Ihre Kappe in Gegenden, in denen Sie gerne trainieren möchten. Und erhöhen Sie die Reisekosten für solche Orte, die für Sie uninteressant oder schwer zu erreichen sind.

Wenn Sie in Ihren Verhandlungen oft unter Preisdruck stehen, bieten Sie niedrige Reisekosten an, um Ihr Angebot attraktiver zu gestalten. Damit können Sie Ihren Tagessatz immer noch hochhalten und bei anderen Kunden mit diesem Tagessatz argumentieren.

Übung Tagungsort

Wie können Sie durch die Gestaltung Ihrer Reisekosten zusätzliche Kunden gewinnen, mehr Umsatz generieren oder Ihre persönlichen Interessen forcieren?

1. _____

2. _____

3. _____

Falls Sie sehr viel auf Reisen sind und es satthaben, so viel auswärts zu trainieren, drehen Sie den Spieß um: Wie müssten die Konditionen aussehen, damit Ihre Kunden zukünftig bereit sind, in Ihrer Nähe zu trainieren?

_____

_____

Differenzieren Sie nach Trainingsnebenleistungen

Vor allem bei Preisverhandlungen gilt es, immer noch etwas in petto zu haben, um nicht einfach einen zusätzlichen Rabatt zu geben. Denn wer einfach einen Rabatt gibt, wird unglaubwürdig. Es gilt, auf Augenhöhe zu verhandeln und Preisnachlässe gegen Leistungsnachlässe zu tauschen.

Besonders gute Ansatzpunkte bieten die Trainingsnebenleistungen. Dazu gehören vor allem das Handling, also die Vorbereitung der Einladungen, die Einladungen selbst, Organisation von Terminen und Tagungsräumen, die Erstellung und Anpassung von Trainingsunterlagen, eine Trainingsdokumentation, Foto-Dokumentationen, Hand-outs, Druck und Verteilung all dieser Unterlagen. Sie können diese Leistungen separat anbieten und dann in der Preisverhandlung bei der Frage nach Nachlässen entweder diese Leistungen „inklusive" anbieten oder aber der Kunde übernimmt einen Teil dieser Leistungen und dafür erhält er einen günstigeren Gesamtpreis.

Übung Nebenleistungen

Welche Leistungen könnten Sie separat anbieten oder – um Ihr Training als höherwertig zu verkaufen – als im Trainingsumfang enthalten ausweisen:

_____

_____

Berechnen Sie eine Versicherungsgebühr

Besonders bei Outdoor-Trainings ist eine gute Trainer-Haftpflicht existenzielle Pflicht für den Trainer. Wieso nicht den Kunden darauf hinweisen, dass Sie die Teilnehmer professionell abgesichert haben. Einfach, indem Sie eine Versicherungsgebühr von z.B. 3,5 Prozent des Trainingspreises ausweisen. Natürlich brauchen Sie die Versicherung in jedem Fall, und wenn ein Kunde darauf besteht, können Sie ihm die Gebühr „erlassen" und die Versicherung auf Ihre Kappe nehmen. Aber schon mit dieser Verhandlung haben Sie ein erstes Zugeständnis gemacht und sind Ihrem Kunden entgegengekommen, ohne den eigentlichen Trainingspreis senken zu müssen.

4.8 Wie schaffe ich mir Rücklagen?

Die Bequemlichkeit, sich nicht um sein Vermögen zu kümmern, wird mit Vermögensverlust oder gar Vermögenslosigkeit bestraft.

Wenn wir über den finanziellen Erfolg eines Trainers sprechen, dann gilt es nicht nur, möglichst viel zu verdienen. Denn **langfristig ist finanzieller Erfolg nicht eine Frage des Einkommens, sondern des Vermögens**. Oder besser gesagt der Fähigkeit, auch dann nach seinen Bedürfnissen leben zu können, wenn man nicht selbst trainiert. Also beispielsweise im Falle von Krankheit, Urlaub, Ruhestand oder einfach als Privatier. Man spricht beim Trainer von finanzieller Freiheit, wenn dieser nicht finanziell darauf angewiesen ist, zu trainieren.

Eine einfache Form, um zu messen, wo man in Bezug auf diese finanzielle Freiheit steht, ist die Formel von Robert T. Kiyosaki zur Ermittlung des persönlichen Wohlstands. Nach Kiyosaki ist nicht wohlhabend, wer viel verdient, sondern wer aus den Einnahmen seiner Vermögenswerte leben kann. Dazu definiert Kiyosaki in seinem Buch „Rich Dad, poor Dad" das so genannte **passive Einkommen**. Passives Einkommen ist demnach die Summe aller Einnahmen, die nicht durch die eigene Arbeitsleistung erbracht werden, also z.B. Mieten, Zinsen, Erträge aus Wertpapiergeschäften, Trainingslizenzen, Renten und vergleichbaren Einnahmen. Um zu prüfen, wie wohlhabend Sie sind, brauchen Sie nur Ihr passives Einkommen durch Ihre laufenden monatlichen Privatausgaben zu teilen:

$$\text{Persönlicher Wohlstand} = \frac{\text{Summe passives Einkommen pro Monat}}{\text{monatliche Privatausgaben}}$$

Wenn die Summe aus Ihrem passiven Einkommen pro Monat größer ist als Ihre privaten Ausgaben, wird der Faktor für Ihren persönlichen Wohlstand > 1. Und das ist der Moment, in dem Sie sich entspannt zurücklehnen können. Denn wenn Sie genügend Rücklagen haben, um nachhaltig einen Wert von über 1,0 zu erreichen, sind Sie wohlhabend. Zumindest wohlhabend genug, um Ihren persönlichen Interessen nachgehen oder in den Ruhestand gehen zu können.

Überlegen Sie sich deshalb einmal, wie viel Zeit Sie mit Ihren persönlichen Finanzen verbringen. Viele Leute beschäftigen sich nicht einmal eine Stunde pro Monat mit ihren Geldanlagen. In dem Fall braucht man sich auch nicht zu wundern, wenn man mit seiner Vermögenslage unzufrieden ist. Selbst wenn Sie im Moment keinen Wohlstand anstreben, sollten Sie doch einen Punkt beachten:

Finanzielle Reserven geben Ihnen die Freiheit, Ihr Unternehmen und Ihr Trainingsgeschäft so zu gestalten, wie Sie es wollen.

Wenn Sie so viel auf der hohen Kante haben, dass Sie sechs Monate davon leben können, sind Sie nicht darauf angewiesen, um jeden Preis das nächste Training anzunehmen, das Ihnen angeboten wird. Sie können in Ruhe Ihre Strategie verfolgen und sich auf besonders attraktive, interessante und strategisch wichtige Trainings konzentrieren.

Wenn Sie bisher Schwierigkeiten hatten, solche Rücklagen zu bilden, hilft Ihnen vermutlich die **Methode „Bezahle dich selbst zuerst"**. Das Grundprinzip dieser Methode ist die Erkenntnis, dass verblüffenderweise jedes Konto eine relative Konstante zu haben scheint. Manche Konten sind zum Monatsende immer auf null, andere immer auf -5.000, andere auf -20.000 oder mehr. Das kommt daher, dass unser **Unterbewusstsein** wahrnimmt, wie viel auf dem Konto ist, und dann unbewusst **unser Verhalten steuert**.

Das ist aber nicht ungefährlich. Immer wieder kommen Trainer ins Krisen-Coaching, weil plötzlich die Finanzen nicht mehr stimmen. Da kam ein großer Zahlungseingang, und ehe man sichs versah, war er ausgegeben. Das böse Erwachen kam neun Monate danach: bei der Einkommenssteuererklärung. Das Finanzamt wollte natürlich die Steuer – und passte darüber hinaus gleich die Vorauszahlungen an. Und schon saß der Trainer in der Liquiditätsfalle.

Gehen Sie deshalb auf Nummer sicher und **sorgen Sie schon am Monatsanfang für ausreichende Rücklagen**. Gehen Sie dazu wie folgt vor:

- **1. Schritt**: Setzen Sie einen **Dauerauftrag von Ihrem laufenden Konto auf das Sparkonto** – zum 1. eines Monats, denn da ist noch Geld da. Sie werden verblüfft sein, nach der Regel „Am Monatsende ist immer alles Geld weg" werden Sie sich binnen kürzester Zeit daran gewöhnt haben, dieses Geld nicht anderweitig auszugeben. Und falls doch, wird Sie Ihr Kontostand dazu zwingen, entweder mehr zu trainieren oder höhere Honorare durchzusetzen.
- **2. Schritt**: Immer dann, wenn Sie sich an das neue Niveau gewöhnt haben, **passen Sie Ihren Dauerauftrag an**. Wenn Sie beispielsweise mit 500 Euro pro Monat begonnen haben, erhöhen Sie nun auf 750 Euro. Und sechs Monate später auf 1.000 Euro. So lange, bis Sie merken, dass Sie an der oberen Grenze agieren.
- **3. Schritt**: Setzen Sie sich ein **konkretes Ziel**, wie viele Rücklagen Sie in Ihrem Geschäft benötigen. Eine sehr bequeme Ausgangssituation ist es beispielsweise, wenn Sie ausreichend Rücklagen haben, für sechs Monate nicht auf die Aufträge Ihrer Kunden angewiesen zu sein.

Unabhängig von der Schaffung betrieblicher Rücklagen sollten Sie sich als selbstständiger Trainer in jedem Fall um Ihre **Altersvorsorge** kümmern. Sprechen Sie hierzu mit einem unabhängigen Finanz- oder Versicherungsmakler. Und schieben Sie das nicht auf die lange Bank, denn: Wenn Sie sich erst dann um Ihr Vermögen kümmern, wenn Sie eines haben – sind Sie dann wirklich sicher, dass Sie überhaupt vermögend werden?

4.9 Fünf Wege für Trainer zum passiven Einkommen

In jungen Jahren denken die meisten Menschen weniger an ihre Zukunft. Sie fühlen sich meist kraftvoll, energiegeladen und gesund. Der Start der Selbstständigkeit führt zu einem Euphorie- und Energieschub, und wenn dann die Trainings erst mal laufen, ist man ständig unterwegs. Und so viel beschäftigt, dass es leicht ist, aufkommende Sorgen um Krankheit und Alter zu verdrängen.

Doch Training ist eine Dienstleistung, die vom Trainer erbracht wird. Das bedeutet, es kann nur dann Geld fließen, wenn der Trainer gesund genug ist, diese Leistung auch zu erbringen.

Jeder Trainer ist also in seiner Selbstständigkeit abhängig von seiner Gesundheit und seiner Fähigkeit, jederzeit die geforderte Leistung zu erbringen.

Je mehr Einkommen ein Trainer unabhängig von seinem persönlichen Einsatz erzielt, desto entspannter kann er Urlaub, Krankheit, Auszeiten und dem Ruhestand entgegensehen. Nachfolgend deshalb fünf **Ideen, wie Sie Ihr passives Einkommen steigern können**:

1. Lassen Sie andere Trainer für sich arbeiten

Ein zentraler Pfeiler der Selbstständigkeit ist die Kundengewinnung. Die Aufgabe des Unternehmers ist es, einen Prozess zu installieren, mit dem möglichst sicher und regelmäßig Kunden und Aufträge ins Haus kommen. Je besser Sie Ihre Akquise im Griff haben, desto mehr eröffnet sich damit die Chance auf ein zusätzliches passives Einkommen. Denn es gibt am Markt viele, auch gute Trainer. Aber es gibt im Vergleich dazu nur wenige, die auch die Akquise im Griff haben.

Der Volksmund sagt: „Der Kunde ist König." Unter Trainern gilt: „Wer den Auftrag hat, ist der König." Beginnen Sie frühzeitig, Kontakte zu knüpfen und herauszufinden, wer zu Ihnen, Ihren Werten und Ihrem Portfolio passt. Testen Sie diese Kollegen mit kleineren Aufträgen und Projekten, bevor Sie ihnen größere Trainings überlassen. Damit Sie im Laufe der Zeit ein **Team zusammenstellen, auf das Sie sich verlassen können**. Ein Team von Trainern, die in Ihrem Namen bei Ihren Kunden für Sie trainieren. Und so auch dann für Umsätze sorgen, wenn Sie daheim im Büro sind.

2. Bauen Sie ein Partner-Netzwerk auf (lebenslange Rente)

Wenn Sie vor der Verantwortung und den Risiken eines eigenen Trainingsteams zurückscheuen, gibt es noch eine andere Möglichkeit, Ihre Kontakte, Kundenbeziehungen und Akquise-Aktivitäten in ein passives Einkommen umzuwandeln. Vereinbaren Sie mit anderen Trainern ein **Partner-Modell**.

Das bedeutet: Sie empfehlen den Kollegen in einer konkreten Projektsituation bei Ihrem Kunden und erhalten dafür von Ihrem Kollegen bei erfolgreichem Abschluss eine Provision. Das kann eine einmalige Provision sein, aber das halten wir nicht für angemessen. Denn Sie haben die Kundenbeziehung und Sie übernehmen die Verantwortung für Ihre Empfehlung gegenüber Ihrem Kunden. Und Ihr Kollege hat die Chance, nicht nur einmalig, sondern immer wieder ein Geschäft zu generieren. Angenommen, Sie empfehlen ein Vertriebstraining mit einem Volumen von 3.600 Euro. Dann kann es sein, dass dieser Kunde über alle Niederlassungen über die nächsten Jahre ein Potenzial von 120.000 Euro Trainingsleistungen im Vertrieb hat. Da wäre eine einmalige Provision für die erste Empfehlung zu kurz gegriffen.

In unserer Akademie bieten wir statt einer einmaligen Zahlung eine lebenslange Rente an. Denn nichts ist so wichtig wie die Kundenbeziehung. Und über eine lebenslange Rente kann der abgebende Trainer beruhigt loslassen – er verdient nicht nur einmalig, sondern dauerhaft. Wenn ein Partner uns in einer konkreten Geschäftssituation an seinen Kunden empfiehlt und dadurch eine Geschäftsbeziehung zu Stande kommt, erhält er beispielsweise 20 Prozent vom Erstumsatz, 15 Prozent auf Folgetrainings im ersten Jahr und acht Prozent auf alle späteren Umsätze.

3. Entwickeln Sie eine eigene Methode und lizenzieren Sie diese

Wer eine hohe Methodenkompetenz hat und sich dazu noch auf eine bestimmte Zielgruppe spezialisiert, entwickelt im Laufe der Zeit spezielle, auf die Bedürfnisse der Zielgruppe zugeschnittene Trainingskonzepte. Diese werden immer weiter verfeinert und optimiert. Von diesem Schritt aus ist es nicht mehr weit, ein solches Training so weit zu systematisieren und zu dokumentieren, dass es auch von anderen Trainern in (fast) gleicher Qualität gehalten werden kann. Nun fehlen dieser Trainingsmethode noch ein Markenname, eine gute Verkaufsverpackung und ein Erfolgsnachweis. Wenn Sie diese Zutaten hinzufügen, machen Sie aus einem Training eine **Trainingsmethode** oder ein **Trainingsformat**. Und damit aus einer Dienstleistung ein Produkt.

Der Wechsel von einer **Trainingsleistung zu einem Produkt** hat zwei Vorteile. Zum einen sind Kunden, welche Sie nicht kennen, unsicher ob der Qualität Ihres Trainings. Wenn Ihre Kunden aber erkennen, dass Sie systematisch ein Trainingsformat entwickelt haben, kaufen Sie plötzlich nicht mehr eine Dienstleistung, die mal so und mal so sein kann, sondern bekommen das Gefühl, ein professionell entwickeltes und getestetes Produkt zu kaufen – ein himmelweiter Unterschied. Und der zweite Vorteil vom Wechsel der Trainingsleistung zum Produkt ist, dass Sie dieses an Trainer-Kollegen vermarkten können. Denn so wie es Trainer gibt, die im Marketing nicht so stark sind, gibt es auch Trainer, die gerne verkaufen – aber denen das richtige Produkt fehlt, mit dem sie an den Markt gehen können.

Wenn Sie Ihr Training lizenzieren, können Sie mehrfach verdienen:
- an der Schulung der Trainer,
- an den Schulungsunterlagen,
- an der Lizenz, die der Trainer an Sie abführt,
- an der Ausbreitung Ihres Markennamens.

Dabei können Sie die Vereinbarung beliebig gestalten. Von einer Einmalzahlung bis zur laufenden Abgabe von z.B. 20 Prozent des erzielten Umsatzes oder gar einer Kombination von Einstiegszahlung (das so genannte Down payment) und laufenden Zahlungen pro Monat oder pro abgehaltenem Training.

Entscheidend ist hierbei, dass beide Partner von diesem Geschäft profitieren. Wenn Ihre Forderungen zu hoch sind, werden Sie die Motivation und den Tatendrang Ihres lizenzierten Trainers bremsen. Und das bedeutet, dass er das Geschäft entweder nicht mehr forciert oder aber probiert, daraus ein eigenes Format zu entwickeln und Ihrer vertraglichen Fesselung zu entkommen.

4. Verkaufen Sie Ihr Trainingsgeschäft

Die meisten Gründer glauben, dass es nur eine Art der Gründung gibt: Die Gründung „auf der grünen Wiese". Sie glauben, dass man ganz allein beginnen muss: sich alles selbst überlegen, dann die Kunden gewinnen und schrittweise wachsen. Dabei ist genau dieses Vorgehen besonders riskant. Denn als Gründer hat man meist wenig unternehmerische Erfahrung, baut einen Prototyp, bei dem jeder Fehler Geld kostet, und es braucht im Schnitt drei Jahre, um auf einen vernünftigen Gewinn zu kommen.

Es ist viel effektiver, sich in eine bestehende Firma einzukaufen oder diese zu übernehmen: Es gibt schon einen Markennamen, einen Internetauftritt, vorhandene Kunden, laufende Aufträge, Trainingskonzepte und bewährte Abläufe, die dafür sorgen, dass das Geschäft läuft. Und das Jahr für Jahr. Auch die Bank weiß das. Sie wird in der Regel der Neugründung eines Trainingsunternehmens mit Skepsis begegnen und, da es keine Vergangenheitszahlen gibt, diese nur dann finanzieren, wenn der Gründer private Sicherheiten stellen kann. Bei der Übernahme einer existierenden Firma, welche Jahr für Jahr regelmäßige Umsätze und Gewinne belegen kann, ist das etwas anderes. Da kann die Bank rechnen und ermitteln, wie viel Geld für die Finanzierung einer Übernahme aus dem Gewinn zur Verfügung steht. Und in einem solchen Fall ggf. auch ein KfW-Förderdarlehen in die Finanzierung einbauen.

Das bedeutet für Sie: Ihr Käufer hat Geld zur Verfügung, um Sie auszubezahlen. Vielleicht aus Sicherheitsgründen nicht in einem Betrag, sondern z.B. 70 Prozent direkt und die anderen 30 Prozent in drei jährlichen Raten, wenn die Versprechungen zum Unternehmen eingehalten wurden. Aber es geht dabei durchaus um ordentliche Beträge. Wenn Sie ein Unternehmen mit einem Jahresgewinn von 60.000 Euro (nach Abzug des Unternehmerlohns) verkaufen, können Sie den Jahresgewinn je nach Konstellation und Käufer mit 3, 5 oder 6 multiplizieren. Wir sprechen also möglicherweise über 300.000 Euro. Als Zielgruppe kommen vor allem Gründer in Betracht, die schnell und sicher gründen möchten. Beispielsweise, wenn sie über 40 oder gar 50 sind und keine Lust haben, mehrere Jahre auf den Gründungserfolg zu warten. Oder die vorher in leitender Stelle waren und sich deshalb von Beginn an in einer gehobenen Stellung in einem Unternehmen sehen. Oder die mit Familie darauf angewiesen sind, dass ab dem ersten Tag Geld fließt.

Wenn Sie Ihr Trainingsgeschäft verkaufen möchten, machen Sie es wie beim Verkauf eines Autos: **Investieren Sie vor dem Verkauf** in eine Motorwäsche und eine perfekte Grundreinigung oder anders gesagt: Hübschen Sie die Braut auf. Beginnen Sie zwei bis drei Jahre vor dem geplanten Verkauf, Ihr Geschäft zu systematisieren, Schwächen auszumerzen und die Stärken aufzupolieren. Und begeben Sie sich dann auf die Suche nach potenziellen Käufern. Die gute Nachricht: Es ist wie beim Heiraten, Sie benötigen nur einen einzigen Käufer, um Ihr Geschäft zu verkaufen.

5. Franchise-System

Eine andere Möglichkeit für Sie, ein passives Einkommen zu erzielen, ist das **Franchising**. Franchising nennt man das **Kopieren eines bewährten Geschäftsmodells gegen Entgelt**. Der Franchise-Geber hat ein Geschäftsmodell erarbeitet und so lange verbessert, bis er in der Praxis belegen kann, dass die Führung des Unternehmens nach diesen Regeln und dem mitgelieferten Betriebshandbuch nachhaltig die Erwirtschaftung eines angemessenen Gewinns ermöglicht. Der Unternehmensgründer wird Franchise-Nehmer und erwirbt dieses Betriebs-Knowhow sowie eine laufende Betreuung vom Franchise-Geber. Dafür zahlt er ein einmaliges Start-Entgelt sowie eine laufende, in der Regel umsatzabhängige, Gebühr.

Wieso sollte ein Trainer Ihr Franchise-Konzept übernehmen wollen? Weil nachweislich die Überlebensrate von Franchise-Betrieben wesentlich höher ist als bei allen anderen Neugründungen. Schauen Sie sich um: Ob McDonald's, Burger King, Fressnapf oder OBI, all diese Firmen sind Franchise-Unternehmen. Wesentlich für diesen Erfolg ist, dass der Franchise-Geber nicht einfach nur in seiner Firma, sondern an seiner Firma arbeitet. Er probiert aus, was funktioniert und was nicht. Und dokumentiert dann, was man tun muss, um erfolgreich zu sein. Haben Sie schon einmal den Manager eines Franchise-Unternehmens mit seinem Ringbuch gesehen? Der Erfolg von Franchise-Unternehmen wie McDonald's oder Burger King liegt in der Ermittlung und Dokumentation optimierter Geschäftsprozesse. Erst die Niederschrift des Geschäftsmodells ermöglicht es, dieses erfolgreich von einem Standort auf den nächsten zu transportieren. So, wie ein Computer erst durch das Betriebssystem betriebsbereit wird, schafft ein gutes Betriebshandbuch die Voraussetzungen für einen optimierten Geschäftsbetrieb und eine gleich bleibende Qualität.

Dazu kommt noch ein Bonus: Wenn Sie beginnen, Ihr Trainingsgeschäft wie die Keimzelle eines Franchise-Unternehmens zu sehen und zu notieren, was besonders gut funktioniert, **trennen Sie sich gedanklich vom Tagesgeschäft**. Sie stellen sich gedanklich neben Ihren Betrieb, analysieren und optimieren Ihr Geschäft. Verändern es so lange, bis es optimal tickt.

Und genau das ist eine zentrale Aufgabe des Unternehmers:
An seinem Unternehmen zu arbeiten und nicht nur in seinem Unternehmen.

5 Der öffentliche Erfolg als Trainer

5.1 Der Quickstart für Profis

Sie sind schon seit mehreren Jahren im Trainingsgeschäft? Sie haben erfolgreich Kunden gewonnen, Trainings entwickelt und verkauft? Sie verdienen gut, Ihr Geschäft floriert und Sie möchten nun kurz und knapp wissen: Was kann da noch gehen? Wie kann ich mein vorhandenes Geschäft möglichst einfach und schnell ausbauen und erweitern? Dann sind Sie in diesem Kapitel genau richtig. Hier erfahren Sie kurz und knapp, mit welchen einfachen Maßnahmen sich bei den meisten Trainern das Unternehmensergebnis kurzfristig steigern lässt.

Eine der wichtigsten Strategien zur Erhöhung Ihres Geschäftserfolgs ist es, sich auf das Wesentliche zu konzentrieren. Nach dem **Pareto-Prinzip** erzielen Sie im Schnitt mit 20 Prozent Aufwand rund 80 Prozent Ihres Ergebnisses. In der Praxis bedeutet das: Mit 20 Prozent Ihrer Kunden oder Kundengruppen erzielen Sie 80 Prozent Ihres Umsatzes. Mit 20 Prozent Ihrer Werbemaßnahmen gewinnen Sie 80 Prozent Ihrer neuen Kunden. Und umgekehrt: bis zu 80 Prozent Ihrer Zeit verbringen Sie mit Tätigkeiten oder Trainings, die nichts oder nur zu einem geringen Teil zu Ihrem Betriebsergebnis beitragen. **Konzentration auf das Wesentliche** bedeutet nichts anderes, als die wirklichen Potenziale zu sehen. Die lahmen Enten von gestern loszulassen, um Kopf und Hände frei zu haben. Frei zu haben, um die kraftvollen Geschäfte auszuweiten. Dies gilt für alle Bereiche Ihres Unternehmens.

Im Folgenden geben wir Ihnen Anregungen zur Optimierung der Bereiche:

- Kunden
- Trainings
- Werbung
- Preise

Heben Sie die Potenziale Ihrer Bestandskunden

Kevin J. Clancy, der den Mythos „Ein Unternehmen sollte mehr Geld in die Werbung neuer Kunden als in den Ausbau der Beziehungen zu bestehenden Kunden investieren" als „Harakiri-Paradoxon" bezeichnet, hat die Ergebnisse seiner diesbezüglichen Analysen wie folgt zusammengefasst:

Kundentyp	Marketingan-strengungen	Wert für den Anbieter	Kosten der Aktivität
Neue Kunden gewinnen	Hoch	Niedrig	Hoch
Vorhandene Kunden binden	Mittel	Hoch	Mittel
Bei vorhandenen Kunden expandieren	Niedrig	Mittel	Niedrig

Das Harakiri-Paradoxon (nach Kevin J. Clancy)

Der erste und einfachste Schritt, um zu expandieren, ist deshalb die Nutzung aller Chancen bei vorhandenen Kunden.

Übung: Identifizieren Sie Ihre wichtigsten Kunden

Listen Sie nachfolgend Ihre zehn wichtigsten Kunden (Firmengeschäft) oder Kunden-gruppen (Privat-/Selbstzahlergeschäft) auf. Notieren Sie dahinter in Prozent, wie hoch der Anteil dieses Kunden am Gesamtumsatz war. Wenn Ihnen das schwerfällt, arbeiten Sie mit absoluten Zahlen. D.h., notieren Sie Ihren Umsatz und schätzen Sie dann je Kunde, wie viel Umsatz Sie im letzten Jahr mit ihm gemacht haben.

Tipp: Programme wie z.B. Lexware oder Sage haben solche Kundenstatistiken bzw. Hitlisten oft im Standardrepertoire. Das bedeutet, dass Sie die Daten ganz einfach per Knopfdruck abrufen können. Oder Sie schauen in die Unterlagen Ihres Steuerberaters. Oft bucht er die Kunden – in seinen Worten Debitoren – auf separate Konten, dann können Sie aus seiner Summen- und Saldenliste – in seinen Worten die SuSa – den Umsatz entnehmen.

Ein Beispiel aus der Praxis:

	Kunde/Kundengruppe	Anteil in Prozent	Umsatz (Euro)
	Gesamtumsatz	100	146.000
1	Maschke KG		44.000
2	Coby AG		36.000
3	März Handels OHG		18.000
4	Siementawa		14.000
5	Har & Har		4.500
6	Kalo e.V.		3.600
7	TTW		3.600
8	Schwarz		2.800
9	TTR		1.400
10	Hanieder		1.400
	…		

Und nun notieren Sie Ihre Kunden und schätzen Sie die Umsätze oder Anteile. Dabei kommt es nicht auf die Genauigkeit an, sondern darauf, möglichst einfach den Trend zu sehen:

	Kunde/Kundengruppe	Anteil in Prozent	Umsatz (Euro)
	Gesamtumsatz	100	
1			
2			
3			
4			
5			
6			
7			
8			
9			
10			
	…		

Stellen Sie sich nun folgende Fragen:

- Welche Kunden oder Kundengruppen sind besonders kräftig?
- Was haben diese Kunden oder Kundengruppen gemeinsam?
- Wie können Sie weitere solche Kunden gewinnen?
- Wie können Sie diese Kunden bzw. Ihre Ansprechpartner dazu bringen, Ihnen weitere gleichartige Kunden zu empfehlen?

Bisher haben wir uns nur auf den erzielten Umsatz konzentriert. Lassen Sie uns nun auf die Potenziale schauen, die diese Kunden bergen. Denn jeder Kunde, den Sie haben, ist es gewohnt, bei Ihnen zu buchen. Und selbst wenn er bisher bei Ihnen schon 30.000 Euro pro Jahr abnimmt, kann es sein, dass sein Gesamtpotenzial dreimal so hoch ist. Was liegt also näher, als sich ein zusätzliches Stück vom Kuchen zu nehmen?

Übung: Analysieren Sie das Potenzial Ihrer Kunden

Schauen Sie sich daher nochmals Ihre Kundenliste an – und zwar jetzt möglichst alle Ihre Kunden – und stellen Sie sich für jeden Kunden folgende Fragen:

Wie viel Prozent des Gesamtbedarfs dieses Kunden decken wir ab?

Notieren Sie die drei Kunden mit dem größten – von Ihnen noch nicht ausgeschöpften – Trainingspotenzial:

Kunde	Potenzial
1. _____	_____
2. _____	_____
3. _____	_____

Welche drei Maßnahmen sollten Sie sofort umsetzen, um diese Potenziale zu heben?	
1. _____	_____
2. _____	_____
3. _____	_____

Nun müssen Sie nur noch die Zeit gewinnen, um diese Maßnahmen umzusetzen. Dazu sollten Sie sich mittel- bis langfristig von Kunden verabschieden, die Ihnen wenig einbringen, aber viel Aufwand verursachen.

Übung: Identifizieren Sie die Kunden, die wenig zum Unternehmenserfolg beitragen

Gehen Sie mit folgenden Fragen nochmals an Ihre Kundenliste heran:

Welche Kunden haben Ihnen letztes Jahr
- die meiste Arbeit beschert,
- den größten Ärger eingebracht,
- den geringsten Stundensatz gebracht.

Wie wäre es, wenn Sie mindestens fünf dieser Kunden loslassen und zukünftig dafür sorgen würden, dass Sie solche Kunden/Projekte nicht mehr annehmen?

Heben Sie die Potenziale Ihrer Trainings

Ähnliche Unterschiede wie bei Ihren Kunden wird es auch bei Ihren Trainings geben. Die folgende Übung hilft Ihnen bei der Optimierung dieses Bereichs.

Übung: Optimieren Sie die Potenziale Ihrer Trainings

Listen Sie nachfolgend Ihre zehn wichtigsten Angebote auf. Notieren Sie dahinter in Prozent, wie hoch der Anteil dieses Trainings am Gesamtumsatz war. Wenn Ihnen das schwerfällt, arbeiten Sie mit absoluten Zahlen. D.h., notieren Sie Ihren Umsatz und schätzen Sie dann je Trainingsart, wie viel Umsatz Sie im letzten Jahr damit gemacht haben.

Ein Beispiel aus der Praxis:

		Anteil in Prozent	Umsatz (Euro)
		100	146.000
1	Vertriebstrainings		60.000
2	Führungskräfte		40.000
3	Persönlichkeit		15.000
4	Stand-up		8.000
5	Coachings		6.000
6	Meditation		2.400
7	Sonstige		2.000
8	…		
9	…		

Und nun notieren Sie Ihre Kunden und schätzen Sie die Umsätze oder Anteile. Dabei kommt es nicht auf die Genauigkeit an, sondern darauf, möglichst einfach den Trend zu sehen:

	Kunde/Kundengruppe	Anteil in Prozent	Umsatz (Euro)
	Gesamtumsatz	100	
1			
2			
3			
4			
5			
6			
7			
8			
9			

Stellen Sie sich nun folgende Fragen:

- Welche Angebote/Trainings sind besonders kräftig?
- Wie kann ich diese Angebote ausweiten?
- Wie kann ich mich für diese Themen noch mehr als Experte positionieren?
- Wie kann ich die Teilnehmer dieser Trainings dazu bringen, noch mehr Menschen diese Trainings zu empfehlen?

Überlegen Sie nun umgekehrt, welche Trainings Sie in den letzten Jahren wieder und wieder beworben und angeboten haben, die dann entweder nicht zu Stande kamen, nur halbvoll waren, nicht den gewünschten Erlös brachten oder Sie in Relation zum Ergebnis viel zu viel Energie kosteten:

Wie wäre es, wenn Sie mindestens fünf dieser Trainings aufgeben und zukünftig dafür sorgen würden, dass Sie solche Trainingsaufträge nicht mehr annehmen?

Werben Sie effektiver

Auch Werbemaßnahmen sind nicht alle gleich erfolgreich. Da es hier meist um viel Geld geht, ist es entscheidend für Ihren Unternehmenserfolg, sich auf die effektivsten Strategien zu konzentrieren.

Wenn Sie bisher kaum oder fast keine aktive Werbung betrieben haben, können Sie diese Übung überspringen. In dem Fall: Gratulation, dass Sie ohne Werbung so weit gekommen sind. Sollten Sie für die Zukunft Ihr Geschäft ausbauen wollen, so sollten Sie die nächsten Kapitel zum Thema öffentlicher Erfolg durcharbeiten und aktiv in die Werbung einsteigen.

Übung: Optimieren Sie Ihre Werbung

Listen Sie nachfolgend alle Ihre Maßnahmen zur Kundengewinnung auf. Also vom Internetauftritt, von Suchmaschinenoptimierung und Google-AdWords-Kampagnen über Fachartikel, PR-Veröffentlichungen, Kleinanzeigen, Vorträge bis hin zum Empfehlungsmarketing, zu Netzwerken und Probier-Seminaren. Notieren Sie dahinter Ihren geschätzten Aufwand in Euro. Bei Investitionen, die länger als ein Jahr andauern, wie z.B. Ihrem Internetauftritt, teilen Sie die Kosten durch fünf. Das bedeutet, dass Sie diese Maßnahme alle fünf Jahre durchführen. Schätzen Sie, wie viel Zeit Sie für diese Maßnahme pro Jahr investieren. Dann schätzen Sie, ob und wenn ja, wie viele neue Kunden Sie durch die Maßnahme gewonnen haben. Zu guter Letzt schätzen Sie, welches Umsatzpotenzial hinter dieser Maßnahme steht.

Nachfolgend zwei Beispiele aus der Praxis:

Maßnahme	Aufwand	Zeit in Tagen	Anzahl Neukunden	Umsatzpotenzial
Internetauftritt	600	2	4	20.000
Kleinanzeigen	1.200	1	8	3.600
PR und Fachartikel	3.000	2	1	4.800
Netzwerkmarketing	800	12	14	14.000
Vorträge	200	4	4	16.000
Probe-Seminare	2.000	6	2	30.000
Maßnahme	Aufwand	Zeit in Tagen	Anzahl Neukunden	Umsatzpotenzial
Internetauftritt	600	1	0	0
Kleinanzeigen	1.200	1	14	28.000
PR und Fachartikel	3.000	2	0	0
Netzwerkmarketing	0	0	0	0
Vorträge	0	0	0	0
Sponsoring von Vereinen	2. 000	0	0	0
Empfehlungen	0	3	4	48.000

Und nun notieren Sie Ihre bisherigen Werbe-Aktivitäten und schätzen Sie, welche Ergebnisse Sie damit erzielen:

Maßnahme	Aufwand	Zeit in Tagen	Anzahl Neukunden	Umsatzpotenzial

Denken Sie nun über Ihre Werbe-Aktivitäten nach.
• Welche Aktivitäten bringen Ihnen wirklichen Nutzen?
• Wie können Sie die Wirkung dieser Aktivitäten noch verbessern?
• Was würde passieren, wenn Sie die Investitionen in diesen Bereichen verdoppeln?
• Welche Aktivitäten bringen Ihnen keinen wirklichen Nutzen?
• Was würde passieren, wenn Sie die Investitionen in diesen Bereichen streichen?

Schöpfen Sie Ihr Preispotenzial aus

Der Preis ist der wirkungsvollste Hebel, um bei gleicher Arbeit deutlich mehr zu verdienen. Wir haben Ihnen im Kapitel 4 zum finanziellen Erfolg aufgezeigt, welche Möglichkeiten Sie haben, Ihre Preise zu differenzieren und höhere Preise durchzusetzen.

Übung: Überprüfen Sie Ihre Preise

Nun überprüfen Sie konkret, wo Sie bei Ihren bisherigen Kunden und Trainings wie viel Spielraum haben. Notieren Sie jeweils den Kunden oder das Trainingsformat. Schreiben Sie daneben, was passieren würde, wenn Sie den Trainingspreis um drei Prozent, fünf Prozent, zehn Prozent oder 15 Prozent anheben würden.

Check: Preiserhöhung bei Kunden

	Umsatz	Was würde bei einer Preiserhöhung passieren			
Kunde		3 %	5 %	10 %	15 %

Check: Preiserhöhung bei Trainings

	Umsatz	Was würde bei einer Preiserhöhung passieren			
Training		3 %	5 %	10 %	15 %

Bedenken Sie: Wenn Sie bei einem Umsatzvolumen von 40.000 Euro eine Preiserhöhung um nur fünf Prozent umsetzen können, haben Sie zukünftig Jahr für Jahr 2.000 Euro mehr in der Kasse.

5.2 Strategie: Mehr Umsatz mit weniger Arbeit

Immer wieder kommen Trainer ins Coaching, die in Marketing, Werbung und Verkauf vorbildlich sind. Fleißig kontaktieren sie Tag für Tag potenzielle Kunden, schalten Werbung, sind in verschiedenen Netzwerken aktiv, bieten „Appetizer-

Workshops" an und sind dabei sogar erfolgreich. Sie gewinnen regelmäßig neue Kunden. Und das in einer Anzahl, bei der viele Trainer vor Neid blass werden. Und dennoch, der Trainingsumsatz reicht nicht, und wenn man die Kosten abzieht, reicht es kaum zum Leben.

Immer dann, wenn man das Gefühl hat, alles zu tun, alles zu geben, sein Engagement, seinen Zeiteinsatz, sein Wissen und seine Professionalität, wenn man dann noch konsequent Tag für Tag alle wichtigen Aktivitäten erfolgreich umsetzt ... und es dann immer noch nicht reicht, liegt es meist an der Strategie. Das heißt, dass man sich dann zur Zielerreichung einen falschen Weg ausgesucht hat. Einen Weg, der zwar funktionieren kann, aber der nicht leicht und einfach, sondern kompliziert und/oder beschwerlich ist. Dabei ist die Aufgabe des Selbstständigen immer, einen möglichst einfachen, leichten Weg zu finden.

Erfolgreiche Unternehmer haben immer auch ein Stück Faulheit in sich. Bevor sie loslaufen, suchen sie nach dem einfachsten Weg, um das Ziel zu erreichen. Das nennt man in der Fachsprache: Eine gute Strategie entwickeln.

Schauen wir uns ein Beispiel aus der Praxis an:

Die Hamsterrad-Strategie

Dieter F. möchte als Trainer 100.000 Euro Umsatz machen. Er bietet seine Trainingstage zu 1.000 Euro an. Im Schnitt hat er seinen Kunden bisher zwei Trainingstage verkauft. Die Kunden sind auch sehr zufrieden und Dieter ist fleißig dabei, Kontakte zu knüpfen und neue Kunden zu gewinnen. Aber er ist mit seinem Umsatz absolut nicht zufrieden.

Im Coaching stellt er fest, dass er nach seiner bisherigen Strategie jedes Jahr 50 neue Kunden benötigt. Jede Woche muss er also zwei neue Kunden gewinnen. Zwei Neukunden pro Woche, das bedeutet bei Dieter F., vier Kunden-Anfragen zu generieren, drei Gespräche zu führen, die Angebote zu erstellen und dann bei zwei Kunden den Zuschlag zu erhalten. Und weil die Woche nur sieben Tage hat, schafft Dieter F. es nicht, so viele neue Kunden zu generieren.

Dieter F. ist im Hamsterrad. Weil er Woche für Woche neue Kunden gewinnen muss. Und weil er bei jedem Kunden alle Vor- und Nacharbeiten immer wieder neu machen muss. Das fängt mit dem Vorgespräch an und endet mit der Rechnung und dem Eintreiben des Geldes.

Quintessenz: Der **Aufwand für die Kundengewinnung ist wesentlich höher als der Aufwand für die eigentliche Trainingsleistung** und der Umsatz, der so erzielt wird, reicht nicht aus, um alle Zeiten abzudecken. Bildlich stellt sich seine Situation so dar:

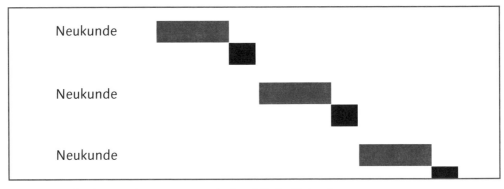

Legende: schwarz = Umsatz; orange = Aufwand für den Verkauf

Hamsterrad-Strategie

Die Bestandskunden-Strategie

Nach dem ersten Coaching erkennt Dieter F. das wahre Potenzial seiner tollen Vertriebsleistung: Er hat einen unglaublichen Bestand an Kunden und kann nun beginnen, diesen aktiv weitere Trainings zu verkaufen. Da es **viel leichter** ist, **einem bestehenden Kunden ein weiteres Training zu verkaufen**, sinkt sein Vertriebsaufwand. Und er braucht von Training zu Training weniger Abstimmung mit dem Kunden, d.h., auch seine restlichen „unproduktiven" Zeiten sinken.

Dieter F. erstellt eine Liste seiner Bestandskunden und notiert, was er ihnen anbieten könnte. Und plötzlich geht ein Strahlen über sein Gesicht: Land in Sicht. Er schätzt, dass er mit einigen seiner Kunden acht bis neun Trainingstage pro Jahr machen kann. Um sein Ziel zu erreichen, konzentriert er sich nun auf seine Bestandskunden. Und plant sicherheitshalber, weiter neue Kunden zu gewinnen. Aber nicht mehr so viele, sondern „nur" noch zwölf Kunden im Jahr. Also einen Neukunden pro Monat. Das sieht er nach seinen bisherigen Erfahrungen als gut machbar an.

Bestandskunden-Strategie

Die Curriculum-Strategie

Im nächsten Coaching schauen wir uns die Curriculum-Strategie an. Denn oft macht es bei einem Verkauf kaum einen Unterschied, ob man ein kleines oder ein großes Training verkauft. Der Aufwand ist fast der gleiche, es geht manchmal länger – oft aber kommt es auch dem Kunden entgegen. Denn der Kunde trifft einmal die

Entscheidung: Traue ich diesem Trainer und seinem angebotenen Konzept? Und dann hat er den Kopf frei und der Trainer kümmert sich um alles.

Das bedeutet, der Kunde bucht bei Dieter F. beispielsweise ein Führungskräfte-Curriculum. Und ist nun sicher, dass seine Führungskräfte im Verlaufe eines Jahres das komplette Wissen erhalten, das sie benötigen, und dass dieses Wissen auch nachhaltig eingearbeitet wird.

Deshalb hat unser Trainer nun ein **Trainingskonzept** entwickelt – er nennt es Curriculum –, **bei dem er die Mitarbeiter seines Kunden über sechs, neun oder zwölf Einheiten trainiert**. Durch diese Strategie spart sich der Trainer die Arbeit, zwischendrin die weiteren Trainingseinheiten zu verkaufen. Und dann, wenn das Curriculum ausläuft, bietet er im Folgejahr noch eintägige „Updates" an.

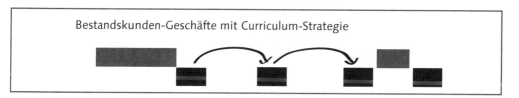

Curriculum-Strategie

Die Elefanten-Strategie

Dieter F. ist begeistert, er setzt die Curriculum-Strategie erfolgreich um. Aber eine Sache treibt ihn noch um: Er möchte gerne zukünftig entspannt trainieren. Entspannt bedeutet für ihn, dass er sich keine Sorgen um die Bezahlung seiner Fixkosten machen muss, also von Miete, Auto und Aushilfskraft.

An dieser Stelle kommt die Elefanten-Strategie ins Spiel. Es gibt Firmen, deren Potenzial so groß ist, dass ein Trainer dort sein Leben lang trainieren kann – und möglicherweise doch nur einen Teil des dortigen Trainingspotenzials umsetzt. Einfach, weil der Bedarf für einen einzigen Trainer viel zu groß ist.

Die Aufgabe von Dieter F. ist es nun, die **wahren Potenziale seiner Bestandskunden** zu **heben**. Herauszufinden, welche anderen Abteilungen, Bereiche und Werke es gibt. Welche Töchterfirmen, welche Schwestergesellschaften, welche Mutterfirmen. Wer die dortigen Ansprechpartner sind. Wer seiner Entscheider oder Trainingsteilnehmer wen kennt. Und wie er es schafft, dass derjenige, der jemanden kennt, ihn an entsprechender Stelle weiterempfiehlt.

Die Elefanten-Strategie ist übrigens das Geheimnis mancher erfolgreicher Trainer-Kollegen, bei denen man sich manchmal fragt: Wieso verdienen die so viel Geld? Wie machen die das? Wie gewinnen die ihre Kunden? Und wenn man dann genau hinschaut, haben diese Trainer ein oder zwei „Elefanten-Kunden" und verdienen damit so viel Geld, dass sie in Reputation und Werbung investieren und ihren Leidenschaften frönen können.

Strategie: Mehr Umsatz mit weniger Arbeit

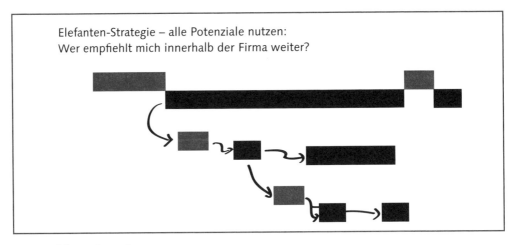

Elefanten-Strategie – alle Potenziale nutzen:
Wer empfiehlt mich innerhalb der Firma weiter?

Elefanten-Strategie

Sie sehen, viele Wege führen zum gleichen Umsatz. Ihre unternehmerische Aufgabe ist es, regelmäßig Ihre Strategie zu überprüfen und den einfachsten Weg zu finden.

Übung: Mehr Umsatz mit weniger Arbeit

Notieren Sie nun fünf konkrete Ideen, um Ihre Umsatz- und Vertriebsziele einfacher zu erreichen:

1. _____

2. _____

3. _____

4. _____

5. _____

5.3 Der Verkaufstrichter: Herausfinden, was wirklich funktioniert

Wie sagte schon Henry Ford: „Wenn ich einen Dollar für die Werbung ausgebe, sind 50 Cent zum Fenster rausgeworfen – ich weiß nur nicht, welche." Diese Aussage ist auch heute trotz aller Tracking- und Analyseprogramme in vielen Fällen richtig. Aber sie darf uns nicht dazu verleiten, unsere Erfolge und Misserfolge in Werbung und Vertrieb einfach so hinzunehmen.

Wer regelmäßig neue Kunden gewinnt, sichert damit seine Zukunft und sein Einkommen. Deshalb lohnt es sich, herauszufinden, wie das am einfachsten, leichtesten und zu den geringsten Kosten geht, und daraus sein eigenes Kundengewinnungssystem zu machen. Ein System, das dafür sorgt, dass immer genug Kunden anrufen. Und dass so viele Anfragen einlaufen, dass Sie die Wahl haben. Die Wahl haben, Ihre Preise anzuheben oder ungeliebte Trainings endlich abzuwählen.

Das einfachste Instrument, um die Effektivität der Kundengewinnung zu messen, ist der **Verkaufstrichter**. Er beginnt mit allen **Kontakten**, die Sie generieren. Kontakt bedeutet, dass ein Mensch von Ihnen hört, liest, Sie sieht oder Sie persönlich kennen lernt. Also zum Beispiel Besucher Ihrer Website, Vortragsteilnehmer, Leser Ihrer Anzeigen, Leute, die von Ihnen Briefe oder Postkarten erhalten, Menschen, die Sie übers Netzwerken kennen lernen oder denen Sie empfohlen werden.

Aus den Kontakten generieren sich die **Anfragen**. Denn bei Ihnen anfragen kann nur jemand, der Sie kennt, findet oder dem Sie empfohlen wurden. In der Regel haben Sie mehr Kontakte als Anfragen. Das ist ganz normal. Denn nicht jeder, der Sie kennen lernt, hat gerade im Moment einen Bedarf für ein Training. Es kann bis zu sieben (!) Jahre dauern, bis er einen konkreten Bedarf hat. Und Ihre Aufgabe ist es, bei wichtigen Kontakten die Verbindung und den Spannungsbogen so lange (und mit möglichst wenig Aufwand) zu halten, bis Ihr Kontakt Sie braucht. Auch hier gilt: Wer Sie schon auf einem Vortrag erlebt hat, wird leichter kaufen als jemand, der noch nichts von Ihnen weiß. Sammeln Sie deshalb diese Kontakte und pflegen Sie sie.

Wie jeder Trainer aus der eigenen Erfahrung weiß, kann man leider nicht jede Anfrage bedienen. Mal passt der gewünschte Termin nicht, mal ist es ein völlig falsches Thema. Deshalb werden meist weniger **Angebote** abgegeben als Anfragen ins Unternehmen kommen. Und mit dem Angebot ist es nicht getan, nun kommt die **Preisverhandlung** und dann erst der **Auftrag**.

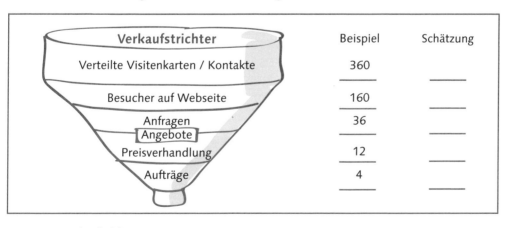

Der Verkaufstrichter

Mit dem Verkaufstrichter können Sie den gesamten Prozess der Kundengewinnung überprüfen und ausrichten. Denn entscheidend für Ihren Verkaufserfolg ist es nicht, möglichst viele Menschen zu kontaktieren, sondern eine **möglichst effektive Relation zwischen Kontakten und Aufträgen zu erzielen**.

Und das Beste: Als Abfallprodukt haben Sie wichtige Kennzahlen über Ihren zukünftigen Unternehmenserfolg. Denn die Anzahl der Angebote, die Sie in diesem Monat schon abgegeben haben, ist ein guter Früh-Indikator dazu, ob Sie in den nächsten Monaten Hunger leiden oder Geld verdienen werden. Denn im Laufe der Jahre werden Sie ein Gefühl dafür entwickeln, wie viele Angebote Sie benötigen, um zum Auftrag zu kommen.

Notieren Sie deshalb von nun an die wichtigsten Kennzahlen Ihres persönlichen Verkaufstrichters. Zum Beispiel jede Woche, spätestens aber jeden Monat in Ihrem Trainer-Tagebuch. Oder in Ihrem Terminkalender.

Schauen wir uns doch mal ein paar typische Verkaufstrichter an:

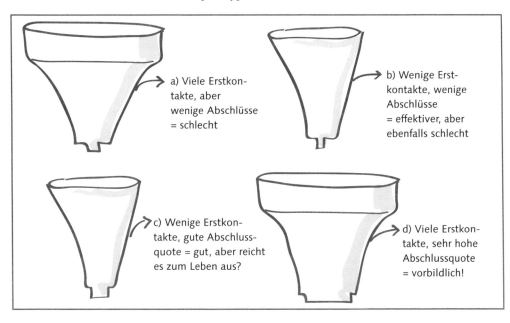

a) Viele Erstkontakte, aber wenige Abschlüsse = schlecht

b) Wenige Erstkontakte, wenige Abschlüsse = effektiver, aber ebenfalls schlecht

c) Wenige Erstkontakte, gute Abschlussquote = gut, aber reicht es zum Leben aus?

d) Viele Erstkontakte, sehr hohe Abschlussquote = vorbildlich!

Unterschiedlich erfolgreiche Verkaufstrichter

Übung: Ihr persönlicher Verkaufstrichter

Lassen Sie nun konkret die letzten drei Monate Revue passieren. Schätzen und notieren Sie die Zahlen für Ihren persönlichen Verkaufstrichter:

Verkaufstrichter	Monat 1	Monat 2	Monat 3
Verteilte Visitenkarten / Kontakte	___	___	___
Besucher auf Webseite	___	___	___
Anfragen	___	___	___
Angebote			
Preisverhandlung	___	___	___
Aufträge	___	___	___

Schauen Sie sich konkret Ihre verschiedenen Aktivitäten an. Notieren Sie, welche Aktivitäten Sie in den letzten Monaten durchgeführt haben, wie viel diese Aktivitäten gekostet haben, wie viel Zeit Sie investiert haben und wie die Resonanz war:

Aktivität	Aufwand (Euro)	Zeit (Stunden)	Anzahl Kontakte	Anzahl Angebote
Netzwerk-Abende				
Vorträge				
Appetizer-Seminare				
Kleinanzeigen				
Anzeigen				
Internetauftritt				
Google-AdWords-Werbung				
Briefe				
Flyer				
Social Media (Xing, Facebook)				
Aktive Akquise-Telefonate				

Was schließen Sie aus Ihren Ergebnissen?

Der Verkaufstrichter: Herausfinden, was wirklich funktioniert

Schauen Sie auch, welche Produkte und Leistungen Sie beworben haben. Viele Trainer arbeiten auch noch als Coaches. Sie bieten also mehrere Leistungen an. Das ist prinzipiell eine gute Entscheidung, denn so sichern sie sich gegen Einbrüche in einem Geschäftsfeld ab. Andererseits birgt es aber die Gefahr, sich zu verzetteln. Und dann ins Hamsterrad der Kleinaufträge zu geraten.

Solche Fehlentscheidungen werden nicht absichtlich gefällt. Denn Gründe für eine falsche Fokussierung gibt es mehr als genug:
- Kleine Aufträge bringen früher Erfolgserlebnisse.
- In bestimmten Geschäftsideen steckt unsere Leidenschaft.
- Viele Menschen lieben es, neue Produkte und Leistungen zu entwickeln.
- Mit manchen Kunden macht die Zusammenarbeit viel mehr Spaß.
- Manche lukrative Projekte sind zwar profitabel, erzeugen aber mehr Stress und Angst.
- Manche lukrative Projekte gehen uns so leicht von der Hand, dass wir gar nicht merken, wie gut wir sind, und diese Geschäfte gar nicht bewerben.
- Einige Anfragen kommen immer automatisch, ohne dass wir sie bewerben – aber da sie automatisch kommen, übersehen wir, wie schnell und einfach wir diese Trainings ausbauen könnten.

Gerade für den Vertriebs- und Akquiseprozess gilt die Regel:

Wenn wir nicht über unser Geschäft nachdenken, bestimmt der Zufall über unseren nächsten Auftrag. Und damit über unsere Positionierung und über unser Einkommen!

Übung: Ihr Fokus

Überlegen Sie deshalb, welche Geschäftsfelder oder Trainings Sie bisher in der Werbung und in Verkaufsgesprächen fokussieren.
- Welche Themen stehen im Mittelpunkt Ihrer Website, Ihres Flyers?
- Was sind Ihre Lieblingstrainings?
- Welchen Themen geben Sie bei Ihren Erstgesprächen besonders viel Raum?

Schätzen Sie dann für jedes Geschäftsfeld, wie hoch der Anteil an Ihrem Gesamtumsatz ist.

Da Sie ja an der Vergangenheit nichts ändern können, schauen Sie als Nächstes in die Zukunft: Wie viel Potenzial ist in diesem Geschäftsfeld, wenn Sie Ihre Vertriebsanstrengungen genau darauf fokussieren würden?

Vorab ein Beispiel aus der Praxis:

Geschäftsfeld	Anteil an Werbung	Anteil am Umsatz	Umsatzpotenzial, wenn nur dieses Thema im Fokus wäre
Kommunikations-trainings	5 %	45 %	155.000
Online-Trainings	20 %	5 %	24.000
Führungskräfte-Trainings	5 %	35 %	120.000
Persönlichkeitsent-wicklung	30 %	10 %	35.000
Coaching	40 %	5 %	20.000

Und nun notieren Sie Ihre persönlichen Schätzungen:

Geschäftsfeld	Anteil an Werbung	Anteil am Umsatz	Umsatzpotenzial

5.4 Der Traumkunden-Zyklus

Bei uns Deutschen muss es immer schwer gehen. Erfolg gilt nur dann etwas, wenn man ihn hart erarbeitet hat. Leicht verdientes Geld wird immer mit Skepsis betrachtet. Ein Unternehmer, der nur vier Stunden am Tag arbeitet? Das kann nicht sein, da ist doch was faul! Wenn schon, muss der Unternehmer sechzig, siebzig oder mehr Stunden pro Woche arbeiten. Immer beschäftigt, immer unter Druck und immer mit schwierigen Projekten und problematischen Kunden. Das ist nicht die Vision, die wir vertreten. Wirklich erfolgreich sind aus unserer Sicht Trainer erst dann, wenn nicht nur die Kasse stimmt, sondern auch die **Freude an der Arbeit, an den Kunden und am Geschäft selbst.**

Diese Freude macht Sie und Ihr Trainingsgeschäft attraktiv und magnetisch. Das passiert binnen Sekunden. Wenn Sie jemanden wahrnehmen und sich auf ihn freuen, werden Sie automatisch lächeln. Und was passiert: Er lächelt zurück. Wenn jemand bei Ihnen anruft und Sie freuen sich auf den Anrufer, dann wird Ihr Telefonat viel angenehmer und leichter, als wenn Sie zusammenzucken und denken „Oh je, schon wieder ein Handwerker."

Es gibt Trainer, die Handwerker lieben. Und Trainer, die lieber Händler, Ärzte, Steuerberater, Führungskräfte, Vorstände oder Lagerarbeiter trainieren. Und das ist gut so. Genau aus dieser Vielfalt ergeben sich **Chancen für Ihre persönlichen Nischen**. Und Chancen dafür, dass Kundengewinnung, Vorbesprechung und die Trainings selbst leichtfallen. Dass Sie Kunden finden, die zu Ihnen passen und die Sie lieben. Je mehr Sie Ihre Kunden lieben, desto mehr strahlt das auf Sie zurück. Deshalb sind wir der Meinung:

Jeder Trainer hat das Recht auf Kunden, die zu ihm passen!

Solche Kunden nennen wir „**Traumkunden**". Und es lohnt sich, nach Traumkunden zu suchen. Denn statistisch führt eine hohe **Übereinstimmung des Wertesystems von Auftraggeber, Teilnehmer und Trainer** zu exzellenten Werten im Verkaufstrichter, zu zufriedeneren Teilnehmern und einer höheren Wiederbuchungsrate. Wenn Sie darüber hinaus dann noch Traumkunden wählen, die auch eine ausreichende Kaufkraft haben und bereit sind, für Ihre Trainings gut zu bezahlen, steht Ihrem Geschäftserfolg nichts im Wege.

Der nachfolgend beschriebene **Traumkunden-Zyklus** gibt Ihnen eine Methode an die Hand, mit der Sie immer wieder neue, zu Ihnen passende Kunden und Nischen entdecken und für diese passende Angebote entwickeln können. Wir haben den Traumkunden-Zyklus und die sich daraus ergebende Umsetzung aufgrund des vorgegebenen Rahmens dieses Buches auf das Trainergeschäft fokussiert. Eine ausführlichere Anleitung mit Hintergründen und weiteren konkreten Tipps zur werblichen Umsetzung finden Sie in dem Buch „SOS Neukunden: Wie man Kunden gewinnt, ohne anrufen zu müssen".

5.4.1 Das magische Dreieck des Trainererfolgs

Nach unseren Erfahrungen sind Freiberufler und insbesondere Trainer umso erfolgreicher, je besser sie drei zentrale Faktoren miteinander in Einklang bringen:

- **Der Unternehmer / Der Trainer:** Der Unternehmer ist der wichtigste in dem Erfolgsdreieck. Anders gesagt: Der Inhaber und damit bei Einzelfirmen der Trainer selbst ist der wichtigste Pfeiler seiner Firma! Er ist der personifizierte Träger der Unternehmenskultur. Mit seinem Wertesystem, seiner Erfahrung, seiner Kompetenz, aber auch seinen Vorlieben, Leidenschaften und Befindlichkeiten prägt er sein Unternehmen. Das gilt auch dann, wenn dieses Unternehmen wächst. Denn jeder Mitarbeiter nimmt einen Teil dieser Kultur an. Und es werden oft auch nur bestimmte Mitarbeiter überhaupt von diesem Unternehmen angezogen und eingestellt. So entsteht aus dem Kern der Unternehmerpersönlichkeit ein ganz einzigartiges, unvergleichliches Profil des Unternehmens.
- **Die angebotenen Trainings:** Überlegen Sie mal: Wie viele Verkaufstrainer, wie viele Kommunikations-, Führungs- oder Erfolgstrainer gibt es? Nicht ganz so viele

wie Sandkörner am Strand, aber wenn Sie genügend googeln oder bei Semigator schauen, ist es schon eine unglaubliche Menge. Und dennoch, jedes Training ist anders – oder wird zumindest vom Kunden anders wahrgenommen. Und fast jedes Training hat einen anderen Preis und ein anderes Marktpotenzial. So ist die Entscheidung, welche Trainings man anbieten möchte, und dann die richtige Darstellung dieses Angebots ein zentraler Erfolgsfaktor.

- **Die Kunden:** Ohne sie geht gar nichts. Denn was nützen die besten Trainings, wenn niemand sie bucht?

Alles geht vom Unternehmer aus, aber die beiden Beine, auf denen die Firma steht, sind die angebotenen Trainings und die Kunden, welche diese Trainings kaufen. Wie heißt es doch so schön im Eingangsbereich eines bekannten Trainingsunternehmens: „Ohne Kunden wäre hier gar nichts los!"

Schön und gut, es gibt die drei Erfolgsfaktoren: mich, meine Trainings und meine Kunden. Wie aber komme ich nun von den drei Erfolgsfaktoren zu einer möglichst optimalen Angebots- und Unternehmensstrategie?

Bevor wir die Frage beantworten, lassen Sie Gerhard Gieschen hierzu eine Geschichte aus einem Coaching erzählen:

Ein langjähriger Trainer kam zu mir, weil sein Geschäft seit nunmehr zwei Jahren in der Krise steckte. „Am Anfang lief es ganz gut. Ich begann als Verkaufstrainer in der Textilbranche. Ich habe selbst in der Branche gelernt und gearbeitet und hatte so schnell meine ersten Kunden. Von da an ging es Jahr für Jahr aufwärts. Ich habe viele Jahre gutes Geld verdient. Aber seit zwei Jahren ist irgendwie der Wurm drin."

Im Coaching stellte sich schnell heraus, wo der Wurm genau steckte: Vor drei Jahren hörte der Trainer von einem befreundeten Berater, dass seine Geschäftsstrategie sehr gewagt sei. Weil er nur auf ein Standbein setze, nämlich die Textilbranche. Und auch nur auf ein einziges Geschäftsfeld: Das Verkaufstraining.

Daraufhin analysierten sie gemeinsam, worauf sich der Trainer zukünftig konzentrieren sollte. Sie ermittelten, dass es unheimlich viele Autohäuser gibt und dass bei IT-Firmen ein besonders hoher Bedarf an Projektmanagementtrainings bestehe. Daraufhin stieg der Trainer um und bot nun seine Trainings bei Autohäusern und in der IT-Branche an.

Ich schaute dem Trainer beim Erzählen zu. Immer, wenn er die neuen Branchen erwähnte oder von den neu entwickelten Trainings erzählte, wurden seine Augen stumpf und grau. Immer dann, wenn er über die Textilbranche erzählte, begannen seine Augen zu leuchten, sein Körper straffte sich und er war voller Engagement dabei. Seine Stimme vibrierte vor Begeisterung.

Schließlich stellte ich zwei Fragen:
- „Wo würden Sie lieber trainieren – in der Textilbranche oder bei Autohäusern?"
- „Was würden Sie lieber trainieren – Verkaufstrainings oder Projektmanagementtrainings?"

Seine Antworten waren eindeutig: Textilbranche und Verkaufstrainings. Ab diesem Moment ging es wieder aufwärts mit dem Coachee. Und zwar deshalb, weil ihm die Bedeutung der inneren Leidenschaft des Trainers für seine Kunden und für seine Trainings klar wurde. Weil er wieder seinem persönlichen Weg folgte. Einem Weg mit Menschen, die er verstand, und mit Inhalten, die er liebte und zu denen er stand.

Und genau darauf kommt es an: Auf die **Flanken des Erfolgsdreiecks**. Die drei Elemente „Ich", „Meine Trainings" und „Meine Kunden" bilden ein Dreieck. Und die Verbindungslinien dieses Dreiecks entscheiden darüber, wie erfolgreich ich als Trainer bzw. als Unternehmen sein werde.

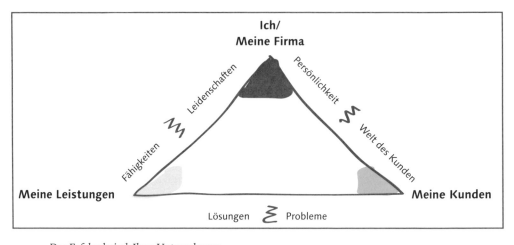

Das Erfolgsdreieck Ihres Unternehmens

Der Trick ist also, die Beziehungen zwischen diesen drei Elementen zu prüfen. Denn hier spielt sich die wahre Musik ab. An diesen Flanken wird über Erfolg oder Misserfolg des Unternehmens entschieden. **Hier finden Sie Ihre wahren Potenziale und Chancen.** Und Sie müssen dabei nur die drei Flanken miteinander kombinieren:

1. Ihr Verhältnis zu den von Ihnen angebotenen Leistungen
Wer erfolgreich sein möchte, muss sein Geschäft verstehen. Deshalb ist es sehr sinnvoll, dass ein Trainer nur solche Trainings anbietet, die er selbst beherrscht. Oder,

wenn das nicht der Fall ist, Mitarbeiter oder Kollegen hat, die diese Trainings kompetent und professionell durchführen können. Doch Kompetenz allein reicht nicht. Für den wirklichen Erfolg fehlt ein zentrales Gewürz: Die Leidenschaft.

Leidenschaft ist wie ein Turbolader: Je mehr ein Trainer seine angebotenen Leistungen liebt, desto erfolgreicher wird er.

Denn Selbstständigkeit braucht immer wieder Energie und Eigenmotivation. Und die ist nun mal besonders hoch, wenn man seine Leistungen liebt. Außerdem merken es die Kunden sofort, ob jemand nur etwas verkaufen möchte oder seine Trainings wirklich liebt.

2. Ihr Verhältnis zu Ihren Kunden und Auftraggebern

Ist es Ihnen schon einmal aufgefallen, dass es Menschen gibt, mit denen Sie ganz schnell ins Geschäft kommen – und andere, mit denen es wirklich zäh ist? Das hat oft gar nichts mit Ihren Kompetenzen zu tun, sondern vielleicht mit Ihrer Herkunft, Ihrer Sprache, Ihrer Erziehung, Ihrer Bildung oder Ihren Vorlieben.

Es gibt Xing-Gruppen „Schwaben in Berlin" und „Nicht-Schwaben in Schwaben". Hundebesitzer kommen schnell mit Hundebesitzern in Kontakt, Katzenfreunde mit Katzenliebhabern. Wer in einem Beamtenhaushalt groß geworden ist, hat meist entweder eine hohe Affinität zu Beamten – oder gar keine. Absolventen von Dualen Hochschulen bilden einen Club, New-York-Liebhaber einen anderen, Frischverheiratete, Frischgeschiedene, Alleinerziehende oder als Einzelkind Aufgewachsene … es gibt hunderte von Merkmalen, welche die Beziehungen zwischen Menschen erleichtern oder erschweren.

Wenn Sie sich Kunden suchen, die zu Ihnen, Ihrer Vorbildung und Ihren Vorlieben passen, tun Sie sich leichter: im Kontakten, im Verkaufen und im Trainieren.

3. Das Zusammenspiel von Angebot und Nachfrage

Die Beziehung zwischen angebotener Leistung und dem nachfragenden Kunden ist eigentlich der klassische Weg, den die Betriebswirtschaft vorschlägt. Hier gilt es, eine Zielgruppe zu identifizieren, deren Bedürfnisse zu erkennen und dann das Trainingsangebot auf diese Bedürfnisse abzustimmen und zu verkaufen. Das ist richtig. Und doch ist es bei vielen Trainern eine kopflastige Entscheidung, getrieben von irgendwelchen theoretischen Aussagen, Marktuntersuchungen, Trends und Empfehlungen von Beratern. Und das kann ins Auge gehen. Wenn man beispielsweise ein Angebot erstellt mit Trainings, die gerade „im Trend" sein sollen, die man aber nicht liebt. Und das noch für eine Kundengruppe, die eine möglichst hohe Kaufkraft hat oder angeblich oft Trainings einkauft – aber zu der man keine Beziehung hat oder möglicherweise sogar eine innere oder äußere Aversion.

Hierzu noch ein kleines Beispiel aus dem Coaching: „Ich möchte die wirklich reichen Leute trainieren und coachen. Die Vorstände und Geschäftsführer der großen Firmen." Gute Idee. Allerdings kam fünf Minuten vorher folgende Aussage: „Ich finde das unmöglich. Die hohen Tiere verdienen richtig viel Kohle, fahren große Autos und geben unendlich viel Geld für Berater und Trainer aus. Wie die mit dem Geld der Firmen umgehen, das ist unglaublich." Wenn Sie diese beiden Aussagen nebeneinanderstellen, dann ist klar: Egal, wie viel Geld in die Werbung gesteckt wird, dieses Geschäftsfeld wird sich vermutlich auch in den nächsten Jahren nur schwer entwickeln lassen.

5.4.2 Welche Kunden passen zu Ihnen?

Denken Sie daran: Wenn Sie lächeln, lächelt Ihr Kunde zurück. Denn **es ist leicht, mit Leuten Geschäfte zu machen, bei denen wir uns wohlfühlen.** Wir hören diesen Menschen gerne zu und lernen so ihre Welt kennen und verstehen. Und wenn wir ihre Welt verstehen, können wir auch sagen, was diese Menschen bewegt. Wo ihre Leidenschaften liegen und wo sie ihre Probleme haben. Denn genau darum geht es: **herauszufinden, was Ihr Gegenüber bewegt.** Denn nur dann können Sie ein Angebot machen, das direkt ins Herz Ihres Gegenübers trifft.

Suchen Sie deshalb jetzt Ihren Traumkunden. Traumkunden sind Kunden, mit denen Sie gerne Geschäfte machen (möchten), mit denen Sie leicht in Kontakt kommen. Kunden, bei denen Ihnen klar ist, wie diese Menschen ticken. Bei denen Sie wissen oder einfach herausfinden können, was sie bewegt.

Wenn Sie schon länger im Geschäft sind, notieren Sie die Namen aus früheren Geschäften. Als Existenzgründer gehen Sie einfach allen Ihren Beziehungen nach, Ihrem persönlichen Netzwerk, Ihren Bekannten, Ihren früheren Arbeitgebern, Kunden, Lieferanten und Kollegen. Notieren Sie die Namen auf Metaplan-Karten, damit Sie diese im nächsten Schritt gruppieren können.

Folgende Fragen können Ihnen bei Ihren Überlegungen helfen:

Finden Sie Ihren Traumkunden

- Welche Geschäftsanbahnungen verliefen in den letzten zwölf Monaten besonders einfach?
- Mit wem komme ich gerne ins Gespräch?
- Welche Menschen habe ich gerne um mich?
- Welche Menschen trainiere ich gerne?
- Bei welchen Menschen freue ich mich, wenn sie anrufen?
- Wen besuche ich gerne?

- Wer macht gerne mit mir Geschäfte?
- Welche Kunden schwärmen von mir?
- Wer empfiehlt uns weiter?
- Welche Kunden bringen besonders profitable Aufträge?
- Wessen Aufträge sind besonders attraktiv?

Denken Sie nicht in Firmennamen, sondern in Menschen. Werbung wird nicht von Firmen, sondern von Menschen gelesen. Und Trainings werden von Menschen gebucht. Notieren Sie deshalb die Namen der Kontakte, die zu dem Geschäft führten:

- Wer hat Sie empfohlen oder zuerst wahrgenommen?
- Wie ist dieser Kontakt zu Stande gekommen?
- Mit wem haben Sie verhandelt?
- Und wer ist die graue Eminenz, der wirkliche Entscheidungsträger?

Im nächsten Schritt **gruppieren Sie gleichartige Karten zu Clustern**. Dabei ist es fast egal, was die Menschen verbindet. Wichtig ist, dass Sie herausfinden, welche gemeinsamen Kriterien sie verbinden. Ist es die Altersgruppe, die Branche, die Haltung, die Vorbildung oder die Position? Wenn Sie mehrere Kriterien haben, duplizieren Sie die Karten oder malen verschiedene Mind-Maps.

Die so erstellten Cluster sind mögliche **Zielgruppen**. Zielgruppen sind Menschen, die gleiche Leid-/Leidenschaftsprofile haben und gleiche Trainingsangebote benötigen. Und die sich in irgendeiner Form auch als Gruppe verstehen. Das können junge Ingenieure oder Führungskräfte über 50 sein, Spezialisten, die Angst vor der ersten Führungsposition haben, oder Zahnärzte in Gemeinschaftspraxen. Solche Zielgruppen können meist in der Werbung sehr effektiv und gezielt angesprochen werden und sind außerdem Chancen für eine Nischen-Profilierung.

Eine **Nische** ist nichts anderes als eine Gruppe von Menschen mit gleichartigen Denkweisen, Erfahrungen und Problemen, die in einer Art unsichtbarem Netzwerk miteinander in Verbindung stehen. Sie lesen gleiche Zeitungen, gehen zu ähnlichen Veranstaltungen, kaufen gleiche Marken oder haben gleiche Hobbys. Innerhalb solcher Nischen verbreiten sich Nachrichten und Gerüchte viel schneller als über Anzeigen und Werbeprospekte.

Wenn Sie es erreichen, sich in einer solchen Nische zu positionieren und dann noch 15 Prozent Marktanteil zu gewinnen, setzt der **Domino-Effekt** ein. Denn Menschen, die Sie noch nicht kennen, erhalten von mehreren Seiten Informationen über Ihre Leistungen und beginnen, Sie auch ohne einen direkten Erstkontakt als Experten in Betracht zu ziehen. Für Ihren Geschäftserfolg gilt die Regel:

Je kleiner die Nische, desto früher können Sie den Turbolader der Domino-Strategie einschalten. Denn je mehr Kunden Sie in einer Nische gewinnen, desto häufiger wird über Sie gesprochen. Sie werden automatisch weiterempfohlen.

Übung: Traumkunden-Zielgruppen

Fassen Sie nun die Ergebnisse dieses Kapitels zusammen und notieren Sie sich drei potenzielle Traumkunden-Zielgruppen:

Meine Traumkunden-Zielgruppen:

1. _____

2. _____

3. _____

5.4.3 Leid und Leidenschaft Ihrer Zielgruppe fixieren

Glauben Sie, dass es Spaß macht, mit dem Kopf gegen die Wand zu laufen? Doch genau das passiert Tag für Tag in der Werbung. Und zwar immer dann, wenn man versucht, Kunden für Produkte zu gewinnen, die Probleme lösen, die diese Kunden gar nicht als Problem wahrnehmen. Wenn derjenige, der etwas verkaufen möchte, begeistert ist von sich und seinem Produkt – aber gar nicht auf das schaut, was den Kunden bewegt. Das ist, als ob Sie versuchen würden, eine Kugel, die am Boden einer riesigen Schüssel liegt, aus der Schüssel zu schubsen. Das erfordert eine Menge Kraft. Genauso viel Energie benötigen Sie, um einen Kunden zu einer Kaufentscheidung zu bewegen, die Probleme löst, die ihm nicht bewusst sind.

Drehen Sie nun gedanklich die Schüssel um und legen Sie die Kugel auf den Boden, der nun oben liegt. Nun können Sie die Kugel schon mit einem kleinen Stoß bewegen und sie läuft automatisch an der äußeren Schüsselwandung hinab und nimmt dabei noch zusätzlich Fahrt auf. Genauso einfach können Sie **Menschen zu Handlungen motivieren, indem Sie deren Leidenspunkte und Leidenschaften herausfinden**. Denn diese Menschen warten eigentlich nur auf den richtigen Anstoß, um endlich eine Kaufentscheidung zu treffen.

Finden Sie deshalb heraus, was Ihre Traumkunden-Zielgruppen bewegt. Gehen Sie sozusagen im Kopf Ihrer zukünftigen Kunden „spazieren".

Hier ein paar Aktivitäten, mit denen Sie mehr über die Wünsche Ihrer Kunden erfahren können:

So erfahren Sie etwas über Ihre Kunden

- Laden Sie Ihre potenziellen Traumkunden zum Essen ein.
- Notieren Sie sich interessante Stichworte und googeln Sie diese.
- Suchen Sie im Internet nach interessanten Websites, Nachrichten, Foren und Blogs.
- Gehen Sie auf Messen und Ausstellungen, auf die Ihre Traumkunden gehen.
- Rufen Sie einfach drei Menschen an und fragen Sie nach aktuellen Problemen.
- Lesen Sie die gleichen Zeitungen und Zeitschriften wie Ihre Zielgruppe.*
- Schauen Sie sich die gleichen Fernsehsendungen an.

Dabei dürfen Sie sich ganz tief bücken. Wühlen Sie sich ruhig ein wenig durch vorhandene Klischees. Nicht jeder gibt gerne zu, „Desperate Housewives" anzuschauen oder „Playboy" zu lesen. Doch bedenken Sie: Alle diese Sendungen und Zeitschriften gibt es am Markt nur, weil sich jemand für diese Themen interessiert.

Machen Sie sich nun auf, um folgende Fragen zu beantworten:
- Was beschäftigt diese Menschen?
- Was treibt sie wirklich um?
- Wo liegen die Nerven bloß?
- Was sind „Dauerbrenner"?
- Welche Themen sind emotional besonders stark besetzt, erzeugen Wut, Zorn, Angst, Glück, Stolz?

Sammeln Sie möglichst viele Themen, Sorgen, Nöte und Probleme. Und zwar rundherum, sozusagen 360 Grad. Denn der einfachste Weg zum Kunden führt über seine Sorgen und Nöte. Wer Sorgen hat, ist meist auch bereit, dafür Geld auszugeben. Und das ist die Voraussetzung, um überhaupt ein Geschäft zu machen. Der dazugehörige Merksatz frei nach Wilhelm Busch lautet: Wer Sorgen hat, kauft auch Likör.

Denken Sie daran: Jedes Problem Ihrer Kunden ist eine Einladung zu neuen Geschäften. Rennen Sie nicht mit dem Kopf gegen die Wand, sondern suchen Sie nach Problemen. Denn jedes Problem ist eine offene Tür, die Chance zu einem neuen Trainingsangebot.

Übung: Versetzen Sie sich in die Rolle Ihrer Traumkunden

Wie würde diese oder jene Person wohl den Fragebogen ausfüllen?
- Was sind die größten Probleme meiner Traumkunden?
- Welche Probleme stehen hinter den Problemen meiner Traumkunden?

Viele Probleme werden nur vorgeschoben, weil es dem Käufer unangenehm ist, über den eigentlichen Knackpunkt zu sprechen. Oder es ist ihm so peinlich, dass er es verdrängt. Suchen Sie das Problem hinter dem Problem.

- Was lieben meine Traumkunden?
Leidenschaft kann eine noch größere Triebkraft sein als das Leid. Apple hat ein gutes Gespür dafür, was Kunden wirklich lieben. Sie konzipieren ihre Produkte dann genau so, dass diese sozusagen vor den offenen Türen ihrer Kunden stehen und diese nur noch zugreifen müssen.
- Wofür würden meine Kunden meilenweit gehen? Wofür würden meine Kunden gerne Geld ausgeben?
- Welche Motive treiben meine Traumkunden um?
Tauchen Sie in die Gefühlswelt Ihrer Traumkunden ein. Was bewegt diese wirklich? Was wären starke Kaufauslöser? Geht es um Sicherheit, Ansehen, Erfolg, Selbstverwirklichung, Wissen, Gesundheit oder Glück?

Zusammengefasst: **Interessieren Sie sich für Ihre Traumkunden-Zielgruppen!** Nur wenn Sie wirklich interessiert, was diese Menschen bewegt, werden Sie herausfinden, wie Sie Ihr Training aufbauen und vor allem verkaufen müssen. Sollten Sie feststellen, dass Sie so nicht weiterkommen oder Sie diese Themen alle langweilen, sind Sie vermutlich an der falschen Stelle. Gehen Sie ein Kapitel zurück und überlegen Sie erneut, wer Ihr persönlicher Traumkunde sein könnte.

5.4.4 Folgen Sie Ihren Leidenschaften und Ihrer Kompetenz

Sie kennen nun Ihre Traumkunden und wissen, was diese bewegt. Nun schauen Sie auf **Ihre eigenen Leidenschaften und Kompetenzen**. Denn je kompetenter Sie sind, desto leichter wird Ihnen die Umsetzung fallen. Und je mehr Sie ein Trainingsthema bewegt, desto leidenschaftlicher werden Sie es verkaufen können.

Übung: Wo liegen Ihre Kernkompetenzen?

Beantworten Sie dazu folgende Fragen:

- In welchen Trainingsbereichen sind Sie überdurchschnittlich kompetent?
- Welche Trainingsthemen bewegen Sie ganz besonders?
- Bei welchen Trainings bekommen Sie besonders positive Rückmeldungen?
- Welche Trainings fallen Ihnen besonders leicht?
- Welche Trainings verkaufen sich bei Ihnen fast automatisch?
- Für welche Trainings werden Sie besonders häufig weiterempfohlen?

5.4.5 Entwickeln Sie Trainings für Ihre Traumkunden

Sie wissen nun, wer Ihre Traumkunden sind. Sie haben festgestellt, was Ihre Traumkunden umtreibt, was diese bewegt und was sie sich wünschen. Darüber hinaus haben Sie sich noch einmal über Ihre eigenen Trainingsleidenschaften und Trainingskompetenzen Gedanken gemacht. Nun gilt es, beide Themen miteinander zu kombinieren.

Übung: Besondere Trainingsangebote für Ihre Traumkunden

Notieren Sie für Ihre drei wichtigsten Traumkunden-Zielgruppen jeweils mindestens drei Trainingsangebote, die Sie persönlich mit Leidenschaft und Kompetenz ausfüllen möchten:

1. _____

2. _____

3. _____

5.4.6 Entscheiden Sie sich, welches Geschäftsfeld Sie forcieren

Bevor Sie nun eine Marketingkampagne für Ihr Traumangebot an Ihre Traumkunden entwickeln, müssen Sie sich entscheiden, welche der Trainings besonders kraftvoll UND gleichzeitig besonders profitabel sind.

Um diese Entscheidung zu treffen, müssen Sie verschiedene Faktoren miteinander kombinieren:

- Das von Ihnen binnen 24 Monaten erreichbare **Umsatzvolumen**
- Ihre **Leidenschaft** zu Training und Zielgruppe
- Ihre vorhandene **Trainingskompetenz**
- Ihre vorhandene **Verankerung in der Zielgruppe**

Notieren Sie in der nachfolgenden Tabelle zuerst Ihre neun Trainingsangebote. Dann schätzen Sie das erreichbare Umsatzvolumen. Und dann vergeben Sie in jeder Spalte Punkte von 1 bis 9. Dabei erhält das Training 9 Punkte, das Sie in der Spalte als TOP bewerten. Die niedrigste Punktzahl erhält jeweils das Training mit dem wenigsten Potenzial, der geringsten Leidenschaft bzw. der geringsten vorhandenen Trainingskompetenz.

Die wichtigste Regel: **In jeder Spalte darf jede Zahl von 1 bis 9 nur ein einziges Mal vergeben werden.**

Zuerst wieder ein Beispiel aus der Praxis:

Training	Umsatz-potenzial	Punkte für Umsatz	Leiden-schaft	Trainings-kompetenz	Veranke-rung in der Zielgruppe	Summe	TOP-Trainings
Automotive – Verkauf	60.000	6	6	7	9	28	1
Automotive – Vertriebssteuerung	24.000	3	7	6	8	24	2
Automotive – Kommunikation	15.000	1	5	9	7	22	3
Ingenieure – Führen	95.000	8	4	4	2	18	
Ingenieure – Kommunizieren	80.000	7	3	8	3	21	
Ingenieure – Verkaufen	120.000	9	2	5	6	22	3
Frauen Ü50 – Perspektiven	28.000	4	9	3	5	21	
Frauen Ü50 – Lebensthemen	20.000	2	8	2	4	16	
Frauen Ü50 – Karriere	40.000	5	1	1	1	8	

Dieses System des relativen Benchmarkings ermöglicht es Ihnen, Dinge miteinander zu vergleichen, die eigentlich nicht vergleichbar sind. Dabei ist der Prozess als solcher oft schon sehr erleuchtend oder anders gesagt: Wenn Sie beim Ausfüllen der Tabelle feststellen, Sie wissen schon, was Sie wollen, hat die Tabelle ihren Zweck erreicht. Und wenn Sie das Gefühl haben, Sie möchten die Punktzahl einer Säule doppelt gewichten, dann tun Sie es. Der relative Benchmark ist ein Coaching-Tool, welches Ihren Kopf und Ihren Bauch miteinander verbindet. Entscheidend dabei ist, dass Sie nicht ewig über die Punkte nachdenken, sondern zügige Entscheidungen treffen. Nur so erreichen Sie Ihren Bauch – und der hat viele Jahre Lebenserfahrung gespeichert.

Und nun sind Sie gefragt:

Übung: Ihr Geschäftsfeld							
Training	Umsatz-potenzial	Punkte für Umsatz	Leiden-schaft	Trainings-kompetenz	Veranke-rung in der Zielgruppe	Summe	TOP-Trainings

5.5 Schnell, einfach und wirksam: Die Ein-Seiten-Methode

Sie haben nun drei Trainingsangebote, die Sie Ihrer Traumkunden-Zielgruppe präsentieren können. Nun geht es darum, das – bisher möglicherweise nur in Ihrem Kopf existierende – Training in ein konkretes und vor allem attraktives Kundenangebot umzuwandeln.

Das geht am einfachsten, wenn Sie Ihrem Training eine Verkaufsverpackung spendieren. **Mit einer guten Verkaufsverpackung wird aus Ihrer Trainingsleistung ein Produkt.** Und das ist wichtig. Denn die meisten Kunden können Sie ja nicht vorher ausprobieren – möchten aber trotzdem sicher sein, was sie bekommen, und vor allem sicher sein, dass es das ist, was sie brauchen. Durch die Entwicklung einer Verkaufsverpackung kann Ihr Kunde Ihre Leistung anfassen, prüfen, messen und zählen. So entkommen Sie dem gesichtslosen Einheitsbrei Ihrer Konkurrenz. Genau das machen die Hersteller, die ihre Produkte in Selbstbedienungsläden verkaufen müssen. Aus hygienischen, technischen oder praktischen Gründen kann der Kunde das eigentliche Produkt nicht sehen, riechen, schmecken, fühlen oder ausprobieren. Dazu kommt noch, dass die Waren eigentlich fast 1:1 austauschbar sind und sich fast nur durch den Preis unterscheiden. Aber nur fast. Denn der eigentliche Unterschied ist die Verkaufsverpackung. Der Kunde kauft nach dem Preis, dem Markennamen und nach der Verpackung. Und genau das sind die Dinge, die Sie nun für Ihr Training festlegen sollten:

Legen Sie einen Markennamen für Ihr Training fest
Markennamen geben Ihrem Kunden Vertrauen und bezeugen, dass es nicht „nur" ein individuelles Training ist, sondern ein professionelles, erprobtes und auf eine Zielgruppe ausgerichtetes Produkt. Wenn Sie ein Ergonomie-Training für Zahnärzte anbieten und nennen es „ErgoDental-Training", dann ist das bei Weitem kraftvoller als nur die Beschreibung „Ergonomie-Training für Zahnärzte".

Erstellen Sie eine einseitige Beschreibung Ihres Produkts
Denn aus dem Handel und vom Internet her sind wir es gewohnt: Jedes Produkt hat nicht nur eine Artikelnummer (= Name des Trainings), sondern auch ein Bild und

eine in der Regel einseitige Produktbeschreibung. Ob es eine Schraube ist, ein Kamin, ein Fahrrad oder ein Notebook, ob es um ein Buch geht oder um eine DVD, ob Sie bei Amazon schauen oder beim Fahrradhändler: Die meisten Produkte werden auf einer Seite beschrieben. Und da Kaufentscheidungen meist emotional getroffen werden, finden wir dabei meist noch ein oder zwei attraktive Bilder, welche entweder das Produkt darstellen oder uns in die richtige Kaufstimmung versetzen.

Besonders attraktiv wird Ihre Produktbeschreibung, wenn Sie diese nach der bewährten Ein-Seiten-Methode aufsetzen. Diese setzt sich aus sieben Bestandteilen zusammen:

1. **Fotos:** Fotos und Bilder werden viel **schneller wahrgenommen als Texte** und gehen **direkt ins emotionale System** des Betrachters. Deshalb sollten Sie Ihre Ein-Seiten-Methode immer mit passenden Fotos garnieren. Fotos, auf denen sich Ihre Zielgruppe wiederfindet, Fotos, die den Trainingserfolg symbolisieren und/oder Fotos von Ihnen als Trainer.

2. **Setting:** Achten Sie mal beim Fernsehen oder im Kino auf die ersten 60 Sekunden eines Films. Es erscheint eine Pistole, ertönt ein Schuss. Oder ein Ehepaar streitet miteinander, das Telefon klingelt: Die Erbtante ruft an. Egal, was Sie in den ersten 60 Sekunden sehen, hier wird das Setting des Films dargestellt. Das **Setting soll ansprechen, faszinieren, in den Film hineinziehen.**

   Ihre Aufgabe ist es, mit drei bis vier Aussagen oder Fragen zu Beginn Ihrer Darstellung die Aufmerksamkeit des Kunden zu erregen. Das gelingt, indem Sie entweder sein Leid oder seine Leidenschaft ansprechen – oder indem Sie mit Worten ein Bild vom Ergebnis malen. Hierzu drei Beispiele aus der Trainingspraxis (auf den angegebenen Webseiten finden Sie nicht nur die Settings, sondern auch die vollständigen Trainingsbeschreibungen inklusive der optischen Gestaltung):

Beispiel 1: www.koenigsdisziplinen.de
Führen mit den Königsdisziplinen: Reiten, Fechten, Pavane
Historische Führungsqualitäten im modernen Business

Sie trainieren
- den eigenen Führungsstil im Spiegel der Pferde,
- kraftvoll zu entscheiden beim Schwertkampf,
- souverän aufzutreten im Takt der Pavane
und das im herrschaftlichen Ambiente auf Schloss Weitenburg.

Beispiel 2: www.das-Azubi-Training.de
Das Azubi-Training

Möchten Sie auch, dass Ihre Auszubildenden lernen:
- pünktlich zu erscheinen,
- zuverlässig zu sein,
- wirklich zuzuhören,
- in die Assistenz zu gehen,
- Anweisungen zu befolgen,
- sich in das Team einzubringen,
- verständlich zu sprechen,
- sich angemessen zu benehmen?

Beispiel 3: www.Trainerausbildung-Tuebingen.de
Die Trainer-Ausbildung für die, die's wissen wollen

- **Sie wollten immer schon als Trainer arbeiten.** Aber Sie suchen nicht nur irgendeine Trainer-Ausbildung, sondern eine Ausbildung mit echter Perspektive, um hinterher auch wirklich Geld zu verdienen.
- **Sie haben Ihr Zertifikat als Trainer, Coach oder Referent** zwar in der Tasche, aber woher kommt jetzt Ihr erster Kunde und ein echter Auftrag …
- … für alle, die bislang dachten, Marketing ist nur was für die anderen. Mit System ein eigenes Marketingkonzept erarbeiten, eigene Trainingskonzepte vermarkten lernen und unter dem Dach der AfG Akademie für Geschäftserfolg, Tübingen eine wirkliche Perspektive und Aufträge bekommen …

3. **Lösung:** Über das Setting motivieren Sie Ihren Kunden zum Weiterlesen. Das Nächste, was ihn nun interessiert: Was ist das Ergebnis des Trainings? Beschreiben Sie deshalb nun, wie er sich fühlt oder was das Ergebnis dieses Trainings sein wird.

4. **Nutzen („Das bedeutet für Sie …"):** Nun kommt der so genannte Kundennutzen. Was habe ich als Kunde von diesem Training? Welchen Nutzen kann mir dieses Training bieten?

Es hat sich bewährt, dass Sie zu Beginn hinter Ihrem Kundennutzen die Worte „Das bedeutet für Sie" einfügen und dahinter notieren, was es ganz konkret für Ihren Kunden bedeutet. So **übersetzen Sie abstrakte Fremdwörter in konkreten Kundennutzen.** Zum Beispiel verwenden wir gerne abstrakte Begriffe wie „soziale Kompetenz", „Führungskompetenz" oder „nachhaltiges Training". Damit sprechen wir aber nur den Kopf unseres Gegenübers an, nicht seinen Bauch. Und die eigentliche Kaufentscheidung wird im Bauch getroffen.

Fragen Sie sich deshalb: Was hat der Kunde wirklich davon?

Hier ein paar Beispiele, die aus werblicher Sicht funktioniert haben:

Beispiel 1:
Soziale Kompetenz für Ihre Auszubildenden, das bedeutet für Sie:
- pünktlich zu erscheinen
- zuverlässig zu sein
- wirklich zuzuhören
- in die Assistenz zu gehen
- Anweisungen zu befolgen
- sich in das Team einzubringen
- verständlich zu sprechen
- sich angemessen zu benehmen

Beispiel 2:
Führungskompetenz, das bedeutet für Sie:
- die richtigen Entscheidungen treffen
- in schwierigen Situationen richtig reagieren
- schnell und sicher entscheiden
- Mitarbeiter motivieren
- Teams verbinden und auf ein Ziel ausrichten
- Ziele konsequent umsetzen

Beispiel 3:
Nachhaltiges Training, das bedeutet für Sie:
- Es bleibt mehr hängen.
- Die Teilnehmer setzen mehr um.
- Weniger Trainingstage, bessere Trainingsergebnisse.
- Ein Training, dessen Ergebnisse auch in einem Jahr noch sichtbar sind.
- Sie sparen Folgetrainings.

5. **Kompetenz:** Erst wenn Sie ein klares Setting beschrieben haben, das Ihren Kunden interessiert, dazu das Ergebnis des Trainings und ganz konkret den Kundennutzen wird es Zeit, die eigene Kompetenz zu beschreiben. Denn nun fragt sich der Leser: „Wie macht der das?" Oder: „Kann der das überhaupt?" Sie können Ihre Kompetenz besonders gut durch die Angabe von **Referenzkunden**, durch Ihre **besonderen Qualifikationen** und **Zertifikate**, durch die Verwendung **spezifischer Metho-den** und/oder **durch Zitate von Trainingsteilnehmern** belegen.

6. **Umfang des Trainings:** Wer kauft schon gerne die Katze im Sack? Beschreiben Sie deshalb zum Abschluss den Umfang des Trainings. Wenn der Umfang vom Vorwissen der Teilnehmer abhängt, stellen Sie zwei oder drei typische Konstellationen dar. Beispielsweise: Einsteiger-Training, Fortgeschrittene, Experten-Training. Bei offenen Trainings gehören an diese Stelle auch Veranstaltungsort, Termine und Preise.

7. **Rückantwort erbeten:** Bei offenen Trainings sollten Sie in jedem Fall einen Rückantwort-Abschnitt einbauen. Denn jede **Trainingsbeschreibung ist ein schriftliches Verkaufsgespräch.** Und womit beendet ein guter Verkäufer das Verkaufsgespräch? Mit der entscheidenden Frage: Ist das für Sie interessant und wenn ja, möchten Sie es buchen?

Viele Trainer schrecken am Anfang vor einem solchen Rückantwort-Teil zurück. Sie finden das „vorsintflutlich" oder behaupten: „Wer verwendet denn noch Fax, das kommt doch alles per E-Mail." Aber alle unsere Statistiken und Erfahrungen zeigen, dass Briefe, denen ein Antwortbogen beiliegt, oder Beschreibungen nach der Ein-Seiten-Methode inklusive Rückantwort-Abschnitt, **wesentlich erfolgreicher** sind. Selbst E-Mails, denen ein PDF nach der Ein-Seiten-Methode beiliegt, sind wesentlich erfolgreicher, wenn dieses PDF über einen Rückantwort-Abschnitt verfügt.

Trainer on Stage, Tübingen

Mehr Charisma, Leadership und Überzeugungskraft

Ob Führungskräfte, Selbstständige oder Trainer, die Themen sind immer die gleichen: „Ich verfüge über das Wissen, die Kompetenz und die Autorität. Wie aber bringe ich meine Inhalte, Anweisungen … so an den Mann, dass sie wirklich in die Umsetzung kommen?"

Sie erfahren im Detail, wie Sie:
- Teilnehmer so „wecken", dass sie die Inhalte begeistert aufsaugen
- Teilnehmer aktivieren
- aktive Elemente in Ihre Trainingskommunikation einbauen
- passiv-steuernde Kommunikation einsetzen
- die Drei-Satz-Methode zum schnellen, direkten Feedback umsetzen
- Teilnehmer-Potenziale erfassen
- die Vier-Schlüssel-Methode für aktive Trainings effektiv einsetzen

… und Sie lernen:
- Potenziale der Teilnehmer zu erfassen
- den Lehrgang darauf abzustimmen
- Souveränität in Trainingshaltung und -auftritt zu erreichen
- Wissensvermittlung als bleibende und wieder abrufbare Erfahrung

Methoden:
- Lichtmit, Rollenspiele, Positionswechsel
- Gruppen- und Präsenzübungen
- Team-Bühne, Solo-Präsenz

Leitung: Claudia Schimkowski und Heike Frank-Ostarhild

Nutzen Sie den Coupon und sichern Sie sich die Teilnahme an einem Termin für sich oder Ihre Mitarbeiter.
ANTWORT – bitte per FAX an 07071 – 915 06-94 oder per Post an:

AfG-Akademie für Geschäftserfolg GmbH z. Hd. Gerhard Gieschen Poststraße 2–4 72072 Tübingen	Ja, ich melde mich / folgende Teilnehmer verbindlich für das **„Tübingen-on-Stage"** an: ☐ Freitag, 20. April bis Sonntag, 22. April 2012. Beginn 16.30 Uhr Firma: _____ Name/Vorname: _____
Ort/Datum: _____	Straße: _____ PLZ/Ort: _____ Telefon / E-Mail / Fax: _____
Unterschrift: _____	Teilnehmer 1: _____ Teilnehmer 2: _____ Investition beträgt 680,00 € zzgl. MwSt.

5.6 Nutzen Sie die Potenziale Ihres Netzwerks

Der direkteste Weg zu einem neuen Kunden führt über das **persönliche Gespräch**. Denn wer ein Training kauft, möchte gerne wissen, mit wem er es zu tun hat. Training ist eine Dienstleistung und bei allen Dienstleistungen spielt die Frage „Traue ich ihm oder ihr das zu?" eine zentrale Rolle. Selbst wenn eine Firma ihr Training bei einer großen Akademie gebucht hat, möchte sie oft den gleichen Trainer wieder. Denn trotz aller Zertifizierungsprozesse und Qualitätsmanagement-Handbücher entscheiden die Persönlichkeit, die Kompetenz und die Qualität des Trainers über die Qualität des Trainings.

Deshalb kann man ein Training nicht so einfach verkaufen. Unser Gegenüber muss erst den KMV-Prozess durchlaufen, bevor er überhaupt daran denken wird, ein Training zu buchen. KMV steht für:

- **Kennenlernen:** Aller Anfang beginnt bei der Dienstleistung mit dem Kennenlernen. Als potenzieller Kunde möchte ich mein Gegenüber zuerst erst einmal kennen lernen. Verstehen, wie er tickt, wie er spricht, wie er denkt, was er für ein Mensch ist.
- **Mögen:** Würden Sie zu einem Zahnarzt gehen, den Sie nicht mögen? Wohl nur dann, wenn er Ihnen von einer Person, die Sie mögen oder der Sie vertrauen, wärmstens empfohlen wird. Oder wenn Sie keine andere Wahl haben. Wer eine Wahl hat und genügend Zeit, der wird zuerst einmal schauen, ob ihm sein Gegenüber sympathisch ist.
- **Vertrauen:** Bevor ich ein Training bei Ihnen buche, stelle ich mir die Frage: „Traue ich diesem Trainer?" Und nur dann, wenn ich diese Frage mit „Ja" beantworte, bin ich bereit, überhaupt über die Auftragsvergabe nachzudenken. Natürlich wird immer wieder behauptet, dies sei im Firmenkundengeschäft anders. Da sollen dem Trainer angeblich seelenlose Einkäufer gegenübersitzen, die nur über diverse Datenbanken oder aus der SAP-Software die richtigen Trainingsanbieter auswählen. Aber die Wahrheit ist: Über 80 Prozent aller Buchungen erfolgen nur dann, wenn der Kunde dem Trainer und/oder dem Anbieter vertraut.

Jegliche Werbung muss den KMV-Prozess berücksichtigen. Wer auf eine Internetseite stößt, die lieblos und mit Fehlern behaftet programmiert ist, wird nicht zum Kontakt animiert. Die meisten Menschen suchen auf der Website eines Trainers nach seinem Foto. Dabei geht es nicht darum, wie ein Model auszusehen, sondern ein professionelles Foto der Persönlichkeit zu zeigen, die Sie sind.

Klassische Werbemittel wie Briefe, Mails, Anzeigen, Kleinanzeigen und Ad-Words-Werbung sind zur Gewinnung von Trainings möglich, aber aufwändig. Eine wesentlich einfachere Art, Kunden zu gewinnen, ist der direkte Kontakt mit der Zielgruppe. Ein persönliches Gespräch ist viel wirkungsvoller als zwölf Briefe. Eine Empfehlung über einen gemeinsamen Bekannten ist oft mit Gold nicht aufzuwiegen.

Und zu wem hat ein Trainer am meisten Kontakt? Zu seinen Teilnehmern. Jeder Teilnehmer erlebt Sie und Ihre Qualitäten aus erster Hand.

Machen Sie Ihre Teilnehmer nicht nur zu Ihren Fans, sondern auch zu Ihren Vertriebsmitarbeitern!

Geben Sie ihnen mehr. Mehr Informationen, mehr Kontakte, mehr Gemeinschaft. Zum Beispiel, indem Sie eine „geheime Gruppe" in Facebook einrichten, über die Ihre Teilnehmer unter Ihrer Anleitung miteinander kommunizieren können. Oder bieten Sie eine Nachbetreuung per E-Mail an, einen Newsletter, einen Blog, ein Nachtreffen oder einmal im Quartal einen offenen Abend für frühere Teilnehmer. Geben Sie jedem Teilnehmer eine VIP-Gästekarte, sodass er einen Kollegen, Freund oder seinen Lebensgefährten mitbringen kann. So bauen Sie eine Brücke zwischen Ihren bisherigen und Ihren zukünftigen Teilnehmern. Vergessen Sie auch Ihre **Auftraggeber** nicht und halten Sie mit diesen regelmäßig Kontakt. Dabei geht es nicht darum, gleich wieder ein neues Training zu verkaufen, sondern die Verbindung zu halten, sich für sein Gegenüber zu interessieren.

Nach einem erfolgten Training möchten die Teilnehmer ihrer Begeisterung Ausdruck verleihen. Ihre Teilnehmer haben ihre Ängste überwunden, wurden vom Training mitgerissen und sind von Ihnen begeistert. Das ist der beste Moment, um **nach einer Empfehlung zu fragen**. Denn gerade jetzt sind Ihre Teilnehmer gelöst und entspannt. Probieren Sie es aus, denn Fragen kostet nichts, aber **erfahrungsgemäß bringt Empfehlungsmarketing die höchste Abschlussquote überhaupt**. Machen Sie es sich deshalb zur Gewohnheit, das Thema Empfehlung immer mal wieder anzusprechen. Wenn Ihr Auftraggeber Sie lobt, bitten Sie ihn doch einfach um eine Empfehlung. Fragen Sie ihn, wer denn seiner Meinung nach Ihre Leistungen noch benötigen könnte. Oder bitten Sie ihn um eine Referenz, die Sie auf Ihrer Webseite oder in Ihrer Referenzmappe veröffentlichen können. Denn auch das ist eine Empfehlung und eine sehr wirkungsvolle dazu.

Der zweitwichtigste Hebel für das Neugeschäft sind **brancheninterne Netzwerke**. Aber halt, nicht die Trainer-Netzwerke, in denen Sie sich mit Ihren Trainer-Kollegen bei Gabal e.V. oder bei Trainertreffen e.V. treffen. Denn dort bekommen Sie in der Regel keine neuen Aufträge, sondern „nur" neue Ideen für Ihre Trainings. Und die Frustration von Kollegen, bei denen es nicht so gut läuft.

Suchen Sie die Verbände und Netzwerke, bei denen Sie Ihre Kunden treffen können.

Wenn Sie Existenzgründer treffen möchten, dann gehen Sie in die Technologie-Zentren, zu den Vorträgen an der IHK und sponsern Sie Gründerverbände. Handwerker treffen Sie in den Handwerkskammern, deren Frauen in der Organisation „Frauen des Handwerks". Viele tatkräftige Entscheider und zukünftige Entscheider treffen Sie bei den Wirtschaftsjunioren, einer Organisation mit unglaublich vielen spannenden Menschen und Aktivitäten. Ihre strategische Herausforderung ist es, die Verbände und Organisationen Ihrer Zielgruppe nicht nur zu identifizieren, sondern so zu durchdringen, dass Sie zu Ihren Spezialthemen im Laufe der Zeit sogar Vorträge halten können. Denn dann haben Sie es geschafft: Sie sind im Schlaraffenland des Neukundenmarketings angekommen. Sie werden für Ihre Sichtbarkeit und Ihre Werbung sogar noch bezahlt.

Der dritte Hebel im Netzwerken ist Ihr **privates Netzwerk.** Hand aufs Herz: Wie vielen Menschen sind Sie in der letzten Woche außerhalb Ihrer Selbstständigkeit begegnet? Und haben Sie überhaupt nur mit einem dieser Menschen über Ihre Trainings gesprochen? Falls nicht, wird es Zeit, etwas zu ändern. Schließen Sie Ihre Familie, Ihre Freunde und Ihren Bekanntenkreis nicht länger von einem Teil Ihres Lebens aus.

Es ist in Ordnung und vermutlich eine gute Idee, keine Geschäfte innerhalb der Familie zu machen. Aber wenn Ihre Freunde und Bekannten nicht wissen, was Sie genau tun, können Sie auch nicht weiterempfohlen werden. Sie dürfen sich anfangs nicht zu viel versprechen. Gewöhnen Sie sich deshalb an, regelmäßig über Ihre Tätigkeit zu erzählen. Gerade weil es für uns Deutsche ungewohnt ist, über persönliche Kontakte Geschäfte anzubahnen, braucht Ihr privates Netzwerk ein wenig Zeit, um anzulaufen. Dann aber werden Sie feststellen, dass im Laufe der Zeit immer wieder Aufträge über diesen Weg zu Ihnen kommen.

Und noch ein Tipp: **Nutzen Sie die Stärke der schwachen Verbindung!** Haben Sie schon einmal erlebt, wie sich Menschen, die sich noch nicht kennen, im Laufe eines Abends gruppieren? Es ist erstaunlich, wie schnell sich Gruppen bilden: Ingenieure sprechen mit Ingenieuren, Kaufleute mit Kaufleute, Sportler mit Sportlern. Reiche mit Reichen und Arbeitslose mit Arbeitslosen. Oder anders gesagt: Wir kochen immer im gleichen Beziehungsgefüge, im gleichen Saft.

Doch um wirklich neue Kontakte zu finden, müssen Sie in andere Gruppen eintreten. Konzentrieren Sie sich vor allem auf solche Kontakte, zu denen Sie nur eine so genannte „schwache" Bindung haben. Also entfernte Verwandte, flüchtige Bekannte, Verwandte von Bekannten bis hin zu Bekannten von Bekannten.

Suchen Sie bewusst Menschen mit der so genannten Brückenfunktion. Das sind Menschen, die mit vielen Menschen unterschiedlicher Gruppierungen in Kontakt kommen. Also z.B. Friseure, Taxifahrer, Kellner, Restaurantbesitzer, Hoteliers und Elternbeiräte. Sprechen Sie mit diesen Menschen. Fragen Sie danach, wie es ihnen geht. Fragen Sie auch nach dem Geschäft. Erzählen Sie ein wenig von sich und von dem, was Sie tun. Sie werden schnell merken, dass sich plötzlich unerwartete Gelegenheiten auftun. Übrigens ist die Methode gar nicht ungewöhnlich – Sie werden sie fast überall auf der Welt vorfinden, nur eben nicht bei uns.

5.7 Denken Sie groß: Elefantenjagd mit Mikromarketing

Wer Elefanten jagen möchte, muss bereit sein, ihnen Auge in Auge gegenüberzustehen. Dazu braucht es Mut. Aber wer den Mut hat, sich seinen Elefanten zu stellen, wird mit jahrzehnte- oder gar lebenslangen Umsätzen und Kundenbeziehungen belohnt. Das Ziel ist so groß, dass man seine Kraft nicht verzetteln darf. Elefanten jagt man nicht mit der Schrotflinte, sondern mit der Elefantenbüchse. Diese nennen wir Mikromarketing.

Für uns ist **Mikromarketing** das **erfolgreichste Marketing** überhaupt. Mikromarketing ist Marketing mit einer Streuungsbreite von 1. Das bedeutet, Ihre Flyer und Werbebriefe haben eine Auflage von genau einem Stück. Der Empfänger mag den Eindruck haben, dass er einen Werbebrief in der Hand hält, der tausendfach gestreut wurde, aber ihn genau so in seinem persönlichen Leid-/Leidenschaftsprofil trifft, dass er den Eindruck hat: „Genau! Die kennen mich!"

Das hört sich aufwändig an. Aber das stimmt nicht. Denn wenn wir den Gesamtaufwand für die Großkunden-Jagd mit dem Aufwand für mittlere und kleine Kunden vergleichen, schneidet die Großkunden-Jagd wesentlich günstiger ab. Denn Hand aufs Herz: Wenn Sie wirkliches Großwild jagen, wie viele neue Kunden brauchen Sie dann nächstes Jahr? Wie viele große Trainingsprojekte können Sie überhaupt parallel abwickeln?

Mikromarketing vermindert Ihre Streuverluste. Mikromarketing funktioniert wie ein Brennglas. Wenn Sie die Sonnenstrahlen im Brennglas sammeln, können Sie ein Feuer entfachen, das Ihnen für viele Monate und Jahre Wärme und Geborgenheit gibt.

Erstellen Sie eine Liste Ihrer TOP-Traumkunden. Notieren Sie mindestens zehn Firmen, bei denen Sie für Ihr Leben gerne trainieren möchten und die Ihnen außerordentlich attraktive Aufträge erteilen könnten. Recherchieren Sie im nächsten Schritt **Ansprechpartner in den Bereichen, die für Sie infrage kommen**. Öffnen Sie Ihren Geist, gehen Sie nicht nur auf den HR-Bereich, der Weg kann genauso gut über Führungskräfte, Produktionsleiter, Geschäftsführer oder Außendienstler führen. Und prüfen Sie dann, zu welchem dieser Ansprechpartner Sie einen möglichst guten Anknüpfungspunkt finden. Dabei unterstützen Sie soziale Netzwerke im Internet wie Xing, LinkedIn und Facebook.

So wünschte sich einer unserer Coachees schon sein Leben lang, für die Lufthansa zu arbeiten. Also notierte er die Lufthansa auf seiner TOP-Traumkunden-Liste. Er eruierte innerhalb dieses Unternehmens die potenziellen Ansprechpartner. Als er so nicht weiterkam, erinnerte er sich an einen früheren Kontakt zur Lufthansa. Zwar an völlig falscher Stelle, aber immerhin: Lufthansa. Er griff zum Telefon und ließ sich immer weiterreichen, bis er schließlich an der richtigen Stelle den Termin für seine Präsentation erhielt.

Was aber, wenn Sie nur offene Trainings anbieten? In dem Fall suchen Sie nach so genannten **Key-Kontakten** und **Zielgruppenbesitzern**. Das sind Menschen, auf die Ihre Zielgruppe hört oder die schon mit Ihrer Zielgruppe im Geschäft sind. Das Azubi-Training der Akademie für Geschäftserfolg wird beispielsweise u.a. auch vom Unternehmerverband Metall Baden-Württemberg angeboten. Der Verband kann seinen Mitgliedern eine zusätzliche Service-Leistung zu besonders günstigen Konditionen anbieten. Und für die Akademie für Geschäftserfolg vereinfachen sich Marketing und Kundengewinnung.

Übung: Großkunden

Notieren Sie nun Ihre persönlichen zehn TOP-Traumkunden:

Für die nächsten Schritte suchen Sie sich die drei Traumkunden, die bei Ihnen die wenigste Begeisterung auslösen. Wieso? Weil Sie mit diesen Traumkunden die Elefantenjagd üben können. Sehen Sie Ihre Verkaufsbemühungen bei diesen Firmen als unbezahltes Verkaufstraining. Wenn etwas schiefgeht, fragen Sie sich hinterher: „Was hat funktioniert?" Und vor allem: „Was hat nicht funktioniert – was kann ich aus dieser Akquise lernen und verbessern?" Sie haben dann immer noch sieben TOP-Traumkunden, die auf Sie warten!

Wenn Sie die potenziellen Ansprechpartner für die drei Traumkunden identifiziert haben, haben Sie drei Möglichkeiten:

1. Sie können **einfach anrufen** und um ein persönliches Gespräch bitten.
2. Oder Sie **schreiben einen Werbebrief** in der Auflage 1, der möglichst genau in das Leid-/Leidenschaftsprofil Ihres Ansprechpartners passt und dem Sie ein gezieltes Ein-Seiten-Angebot beilegen. Und Sie **fassen** diesen Brief dann **telefonisch nach**.
3. Oder, wenn Sie sich nicht trauen, anzurufen, recherchieren Sie, wo und wann Ihre Zielpersonen in den nächsten Wochen zu finden sind. Ob das eine Messe, ein Vortrag, ein Restaurant oder eine Kneipe ist, ist egal. Ihre Aufgabe ist es, **eine Gelegenheit zu schaffen, Ihre Zielpersonen „gezielt zufällig" zu treffen**.

So, wie ein Coachee von uns auf die BAUMA, die weltgrößte Baumaschinen-Messe in München, mit einer einzigen Aufgabe ging: Mit einem Vorstandsmitglied oder einem Assistenten des Vorstands seines Traumkunden Kontakt aufzunehmen. Und siehe da: Er nahm Kontakt auf, wurde „von oben nach unten" weitergereicht und erhielt seinen Auftrag.

Egal, wie Sie vorgehen, eine Sache ist wichtig: Wenn Sie den persönlichen Kontakt aufnehmen, gehen Sie dabei zuerst in die Entspannung. Niemand kann im Erstgespräch ein Training oder ein Projekt verkaufen. Arbeiten Sie nach dem KMV-Prinzip, also: Geben Sie Ihrem Gegenüber die Gelegenheit, Sie kennen zu lernen, Sie zu mögen und Ihnen zu vertrauen. Und erst dann können Sie über das Geschäft sprechen. Vielleicht erst im zweiten oder dritten Gespräch. Aber dann wird es sich lohnen, denn: Sie sind ja auf Elefantenjagd.

Und was machen Sie Ihrem TOP-Traumkunden für ein Angebot? Halten Sie sich an Don Corleone aus dem Paten: „Ich werde ihm ein Angebot machen, das er nicht ablehnen kann." Genau das ist Ihre Aufgabe. Dazu ist es aber wichtig, vorher herauszufinden, was Ihr Gegenüber wirklich will. Was ihn bewegt, was ihn stört, was er ändern will. Und das ist von Mensch zu Mensch unterschiedlich. In dem Fall sind Sie sozusagen der Coach Ihres Gegenübers.

Und erst, wenn Sie wissen, was Ihr Gegenüber wirklich will, bieten Sie ihm genau das an. Vorausgesetzt natürlich, Sie sind sicher, dass Sie sein Problem wirklich lösen können. Dann haben Sie mit der Ein-Seiten-Methode eine einfache Methode, um genau das Setting zu beschreiben, das Ihren Traumkunden bewegt. Und es dann mit Ihrem Training und Ihrer Methodenkompetenz zu verbinden. Ergebnis: Ein **perfekt auf den Kunden abgestimmtes Angebot** in der Auflage 1, welches den Eindruck vermittelt, dass Sie genau diese Situation regelmäßig trainieren und lösen, dass Sie der Spezialist für genau dieses Thema sind.

Sollte dieser erste Kontakt noch nicht den gewünschten Erfolg bringen, so geben Sie nicht auf. Elefanten sind große Tiere, da braucht es mehr Energie, sie zu bewegen. Sehen Sie den Start nicht als Beinbruch, sondern als Anfang Ihrer Kampagne. Denn **wirklich wertvolle Kontakte sollten Sie nicht so schnell vom Haken lassen**. Vielleicht war Ihr Angebot gut, aber Ihr Ansprechpartner hat zurzeit dringendere Probleme. Oder er will einfach prüfen, wie nachhaltig Sie Ihre Sache verfechten. Oder er erwartet einfach von Ihnen, dass Sie sich wirklich bemühen. Geben Sie nicht auf, bevor Sie den Kunden nicht mindestens siebenmal kontaktiert haben. Wobei das keine „Kauf-mich"-Anrufe sein sollten, sondern über den Zeitraum von 18 Monaten unterschiedliche Arten von entspannten Kontakten. Das kann mal ein Fax mit ein paar Tipps für Führungskräfte sein, ein neuer Ein-Seiten-Flyer zu einem passenden Trainingsthema oder ein Artikel, der über Sie erschienen ist. Per E-Mail eine Einladung zu einem VIP-Training oder einfach ein Anruf nach dem Motto: „Anfang April bin ich bei einem Kunden in Ihrer Nähe, wie wäre es, wenn ich mal vorbeikomme."

5.8 Service-Selling: Wie ich es schaffe, mich als Trainer zu verkaufen

In ihrem Beitrag „Service-Selling: Erfolgreiche Verkaufsgespräche für Nicht-Verkäufer" in dem Buch „Mehr Geschäftserfolg durch Dienstleister" stellte Martina Caspary erstmals die von ihr entwickelte Service-Selling-Methode vor. Da sie mit dieser Methode gerade bei Trainern einen unglaublichen Erfolg erzielte, geben wir nachfolgend ihre überarbeitete und im Hinblick auf Verkaufsgespräche für Trainer aktualisierte Schilderung wieder:

Eigentlich komme ich aus der Betriebswirtschaft, dem Marketing. Aber nicht direkt aus dem Bereich „Verkauf". Zwar bin ich familiär kaufmännisch vorbelastet, hatte aber nie daran gedacht, in den Verkauf zu gehen oder gar Verkaufstrainings zu entwickeln. Worte wie „Akquise " oder gar „Kalt-Akquise" jagten mir einen Schauer über den Rücken. Doch andererseits erkannte ich: Ich kaufe gerne ein. Denn Einkaufen kann ein Erlebnis sein. Und wenn ich schon mein Geld ausgebe, möchte ich es gerne tun und es genießen.

Aber wieder und wieder wurde ich als willige potenzielle Käuferin von Verkäufer(inne)n um mein erhofftes Einkaufserlebnis gebracht. Kehrte mit leeren Einkaufstaschen frustriert wieder heim. Sätze wie: „Hosen für Sie? (mitleidiger Blick vom Scheitel bis zur Sohle) – Oh, da hab ich leider gar nichts da", oder: „Das ist Ihnen sicher zu teuer!", weckten in mir das Helfersyndrom für deutsche Einkaufswillige. Ich wollte endlich, endlich schön einkaufen gehen!

Ich begann, mich in das Thema einzuarbeiten. Ich las alles, was zum Thema „Verkaufen" zu finden war. Ging zu unsäglichen Verkaufsschulungen, lernte die „16 Schritte zum Verkaufsabschluss" (undurchführbar), ließ mich im Call-Center schulen (unerträglich). Beobachtete Verkäufer. Verkäufer, die mich zum Weinen brachten. Verkäufer, die mich vor Wut schäumen ließen. Und in ganz seltenen Fällen fand ich einige wenige Verkäufer, die es richtig gut machten.

Was heißt gut? Gut heißt, dass sich der Käufer und auch der Verkäufer richtig, richtig wohlfühlen. Direkt beim Verkauf. Und auch danach. Ich habe dann mit meinem Team die einzelnen Aspekte dieser Situationen analysiert, systematisiert und daraus die Service-Selling-Methode entwickelt. Eine Methode, die es auch Menschen mit inneren Widerständen ermöglicht, ihre Leistungen anzubieten und erfolgreich zu verkaufen. Ohne sich anzubiedern, ohne jemanden über den Tisch zu ziehen und ohne sich verbiegen zu müssen.

Service-Selling ist ganz einfach. Jeder kann es probieren, jeder kann es lernen. Es tut nicht weh. Man muß sich nicht verbiegen. Und noch besser: Service-Selling schafft auf beiden Seiten Zufriedenheit.

Zufriedene Kunden **und** zufriedene Verkäufer. Also genau die richtige Verkaufsmethode für alle Menschen, die sich mit dem Wort „Verkauf" nicht anfreunden können.

Leid und Leidenschaft als Kaufimpuls
Die Grundlage des Service-Sellings ist es, zu verstehen, was mein Gegenüber bewegt. Im Grunde genommen können wir fast alle Käufe – auch im Firmenkundenbereich – auf zwei zentrale Kaufauslöser zurückführen. Entweder ich kaufe aus Leid oder aus Leidenschaft. Der Merksatz, den wir schon im Traumkunden-Zyklus zitiert haben, lautet frei nach Wilhelm Busch: „Wer Sorgen hat, kauft auch Likör!"

Anders formuliert: **Jedes Problem, jede Sorge und jede Not**, die jemand erleidet, ist **wie eine offene Tür**. Eine **Einladung zu einem Geschäft**. Und je drängender das Problem, je größer die Not, desto lauter der Ruf: „Warum hilft mir denn niemand?" Und genau hier beginnt die Aufgabe des guten Verkäufers – und jeder Trainer sollte in diesem Sinne ein guter Verkäufer sein: Der Verkäufer ist „**im Service**". Er hilft dem Kunden, die Sorgen und Nöte zu identifizieren. Er muss genau herausfinden, was der Kunde will und braucht, und ihm dann das passende Angebot machen. Das Leid des Kunden beenden, ihn zufrieden stellen. Nicht mehr verkaufen als notwendig – aber auch nicht weniger.

Doch **Menschen kaufen nicht nur aus Leid, sondern auch aus Leidenschaft**. Was treibt uns wirklich an? Wir suchen nach Erfüllung. Immer wieder handeln wir, um unsere Sehnsüchte zu erfüllen. Um unsere Träume wahr werden zu lassen. Um unsere Visionen umzusetzen. Es sind unsere Gefühle, die uns antreiben. Und jeder Verkäufer, der „im Service" ist, unterstützt sein Gegenüber dabei, sich seine Träume zu erfüllen. Eine erfolgreiche Führungskraft zu werden oder ein erfolgreicher Verkäufer, endlich mit hoch erhobenem Kopf und geraden Schultern im Rampenlicht zu stehen oder mit seinen neuen Software-Kenntnissen zu glänzen. Deshalb ist Service-Selling so befriedigend für beide, den Trainer und den Kunden: Weil der Trainer die Probleme des Kunden und seiner Mitarbeiter löst und damit das Leid seines Auftraggebers vermindert.

Die Aufgabe eines Trainers ist es, wirklich im Service zu sein, d.h., nicht darauf zu beharren, „sein" Training zu verkaufen, sondern herauszufinden, was sein Kunde wirklich braucht. Und ihn dann mit genau diesem Training glücklich zu machen.

Wer so vorgeht, wird feststellen, dass Verkaufen eine äußerst befriedigende Tätigkeit sein kann. Denn wer mit dieser Einstellung im Service ist, erhält von seinen Kunden Respekt, Anerkennung und immer mal wieder ein herzliches Danke für den Service, den er erbracht hat.

Folgende Regeln gilt es dabei zu beachten:

Regel Nummer 1: Rezeptiv sein

Es klingt trivial, aber wenn Trainer ins Coaching kommen, weil sie nicht genug verkaufen, stellen wir oft fest, dass es ihnen an **Rezeptivität** fehlt. Sie sind bei sich und ihrem Angebot, begeistert von ihrer Methode und den Möglichkeiten, die sich daraus ergeben. Dabei ist es die Aufgabe des Verkäufers, aufmerksam zu sein, zuzuhören und ganz bei seinem Gegenüber zu sein. Er muss den Kunden und seine Wünsche wirklich erfassen. Was sich hier wie die einfachste Selbstverständlichkeit anhört, ist es beileibe nicht.

Haben Sie schon mal einen Verkäufer erlebt, der Sie fast „zu Tode geredet" hat? Wollten Sie schon mal etwas sagen, kamen aber gar nicht zu Wort – weil Ihr Gegenüber Sie mit einem Redestrom und den 33 Gründen für sein Produkt überschüttete? Nach unseren Analysen, unseren Rollenspielen und den Erfahrungen aus den Coachings steht der Kunde in den meisten Verkaufsgesprächen nicht wirklich im Mittelpunkt. Ton, Stil, Geschwindigkeit und Richtung gibt der Verkäufer an. In unseren Verkaufstrainings bekommen wir denn auch fast durchgehend die erstaunte Rückmeldung: „Meine Güte, ich rede viel zu viel!" Stimmt. Denn wenn der Kunde auch nur ein Wort sagt, fällt mir als Verkäufer gleich eine Lösung ein und ich lasse meinen Gedanken freien Lauf, anstatt mich zurückzunehmen, weiter aufmerksam zu sein und zuzuhören.

Rezeptivität bedeutet, sich auf den Kunden einzuschwingen. Auf seine Worte zu hören, ihnen zu folgen. Auf seine Augen zu achten, auf seine Haltung. Die eigene Wahrnehmung zu schärfen, um den Kunden wirklich wahrzunehmen.

Um das zu lernen, verschenken Sie in den nächsten Tagen Aufmerksamkeit. Konzentrieren Sie sich für elf Minuten ganz und gar auf Ihr Gegenüber. Kein Handy, keine SMS, keine E-Mail. Keine eigenen Gedanken. Zuhören, anschauen, mitfühlen. Nicht bewerten. Nicht abschweifen. Ganz beim anderen sein. Und Sie werden merken, wie sich in Ihren Beziehungen Welten verändern. Das sind die Auswirkungen von Rezeptivität.

Rezeptivität auf den Punkt gebracht:
- Meinen Kunden mit all meiner Aufmerksamkeit in den Mittelpunkt stellen.
- Mich von meiner eigenen Meinung freimachen.
- Mein umfangreiches Wissen nur auf Bedarf hin liefern.

Regel Nummer 2: Den Bauch ansprechen

Ja, gekauft wird aus dem Bauch heraus. Das hören die meisten Käufer nicht gerne, es ist aber so. **Kaufen ist ein sehr emotionaler Vorgang.** Selbst bei Firmenkunden werden über 80 Prozent der Einkaufsentscheidungen mit dem Bauch getroffen. Und deshalb sollte der Verkäufer so sprechen, dass er auch vom Bauch verstanden wird. Die Zauberformel lautet: **GKV.** Ihre Sprache im Verkauf muss GKV-gerecht sein. D.h. jeder Satz, den Sie sagen, sollte für **G**eschäftsführer, **K**inder und **V**orstände verständlich sein. Ja, auch für zwölf-jährige Kinder. Und zwar ohne Lexikon, Wikipedia oder andere Hilfsmittel. Keine Fremdwörter. Keine Phrasen. Keine Sätze über acht Worte. Einfache Worte, einfache Beispiele.

Den Bauch ansprechen, heißt übrigens auch, sich **sprachlich auf die Ebene des Kunden einzulassen**. Nehmen Sie seine Worte auf, verwenden Sie seine Beispiele. Je tiefer Sie sich auf die Sprache und Gedankenwelt Ihres Gegenübers einlassen, desto mehr verbinden Sie sich mit Ihrem Kunden. Weg vom abstrakten, inhaltsleeren Gespräch zu einer persönlichen Beziehung.

Regel Nummer 3: Dem Kunden folgen

Angenommen, Sie stehen Rücken an Rücken mit Ihrem Zwillingsbruder in einem großen Saal. Nun beginnt Ihr Zwilling, Druck zu machen. Er drückt und drückt und drückt. Aber Sie spüren seinen Druck und drücken dagegen. Rücken gegen Rücken, Druck und Gegendruck. Beide geraten ins Schwitzen, Ihr Zwilling wird wütend, Sie auch. Doch beide kommen nicht von der Stelle. So ist es auch im Verkaufsgespräch, wenn der Kunde etwas behauptet und der Verkäufer einfach dagegenhält. Der Kunde hat das Gefühl, man hört ihm nicht zu. Noch schlimmer, wählt der Verkäufer seine Worte ungeschickt, arrogant oder lässt einen Schauer von Argumenten auf den Kunden herabprasseln, fühlt sich der Kunde ins Unrecht gesetzt. Er widerspricht. Denn **Druck erzeugt Gegendruck**. Argumente fliegen hin und her. Der Stärkere, Klügere, Informiertere möge gewinnen. Das ist weder befriedigend noch ergebnisorientiert. Denn das Verkaufsgespräch tritt auf der Stelle.

Zurück zum Saal, in dem Sie mit Ihrem Zwillingsbruder stehen. Wieder spüren Sie den Druck Ihres Bruders. Doch dieses Mal lassen Sie sich nicht auf sein Spiel ein. Sie drücken einen Moment lang dagegen, dann wenden Sie sich schnell nach rechts zur Seite, Ihr Zwillingsbruder fällt rückwärts auf das Parkett. Sie haben den Rücken frei, aber Sie sind allein. Und Ihr Bruder liegt enttäuscht vor Ihnen. Denn Sie haben ihn im Stich gelassen. Viele Verkäufer überhören oder übergehen die Fragen, die angedeuteten Sorgen und Ängste ihrer Kunden im Verkaufsgespräch. Der Kunde fühlt sich alleingelassen mit seinen Fragen. Er kommt zu Ihnen, dem Spezialisten, weil er von Ihnen Antworten möchte. Konkrete Antworten auf seine Fragen. **Keine Phrasen, keine Ausreden** und vor allem eines nicht: überhört werden. Er fragt, weil er interessiert ist. Weil er Antworten möchte. Und wenn er die nicht erhält, ist er enttäuscht, fühlt sich unverstanden, nicht ernst genommen und wendet sich von Ihnen ab.

Kehren wir nochmals zurück zu Ihrem Zwillingsbruder. Wieder spüren Sie seinen Druck an Ihrem Rücken. Jetzt sind Sie bereit, ihm nachzugeben. Seiner Energie zu folgen. Er drückt gegen Ihren Rücken, Sie drücken leicht dagegen, beginnen aber mit Ihren Füßen nachzugeben. Bewegung entsteht. Sie marschieren langsam in Ihre Richtung, er folgt Ihnen Rücken an Rücken rückwärts nach. Und nun geschieht etwas sehr Verblüffendes: Indem Sie der Energie Ihres Bruders nachgeben und sich mit seiner Kraft auf den Weg machen, stellen Sie doch fest, dass Sie die Richtung angeben können. Sie sehen nach vorne, Ihre Füße und Ihre Körperhaltung bestimmen, wohin die Reise geht. Übersetzt auf das Verkaufsgespräch bedeutet das:

Sie folgen der Energie Ihres Gegenübers und steuern doch den Verkaufsprozess. Denn Sie sind der Spezialist. Sie haben die Erfahrung, die Kompetenz und das Wissen, um die Richtung anzugeben.

Wer, wenn nicht Sie, sollte wissen, wohin die Reise geht. Entspannen Sie sich deshalb. Verzichten Sie darauf, Ihr Gegenüber ins Unrecht zu setzen. **Nehmen Sie Ih-**

ren Kunden ernst. Folgen Sie seinen Gedanken, Fragen, Sorgen, Ängsten, Nöten. Achten Sie darauf, wo er gedanklich steht. Wo seine Energien fließen. Folgen Sie diesen Energien und Sie werden plötzlich merken, dass alles fließt, das gesamte Verkaufsgespräch, und plötzlich der Punkt kommt, an dem Sie Ihrem Kunden ein passendes Angebot machen können, er zufrieden nickt: Sie sind im Geschäft.

Diese Technik nennen wir **Yielding** und sie ist eine der kraftvollsten Methoden, die es überhaupt gibt. Sie wird auch bei der Entschärfung von Konflikten und Streitgesprächen eingesetzt. Und im Coachen, denn auch dort gilt die Regel: „Der Coach folgt der Energie und den Gedanken des Coachees, steuert dabei aber den Coaching-Prozess."

Regel Nummer 4: Den wirksamsten Nutzen herausfinden

Kunden kaufen nützliche Dinge. Eigentlich haben Kunden beim Kauf weder Produkte noch Dienstleistungen im Kopf. Sie wollen nur den Nutzen. Sie wollen kein Shampoo, sondern schöneres Haar. Niemand will einfach so ins Fitness-Studio. Der eine möchte endlich einen schmerzfreien Rücken. Der Nächste einen attraktiveren Körper. Der Dritte möchte über das Fitness-Studio endlich eine neue Beziehung. Und wieder ein anderer geht ins Fitness-Studio, weil er länger leben möchte.

Fast jedes Produkt und jede Leistung bietet mehrere Nutzen. Das führt aber häufig dazu, dass der Verkäufer alle diese Nutzen und Vorteile nacheinander herunterrattert. Er arbeitet mit dem Schrotgewehr, schießt einhundert Kügelchen ab in der Hoffnung, dass das eine oder andere Schrotkorn sein Ziel trifft. Doch das ist meist vergebliche Mühe, denn nach den ersten drei oder vier Argumenten schaltet der Kunde ab. Und verpasst dann genau den einen Nutzen, der genau auf seine Bedürfnisse passt. Schade. Ein Verkäufer, der im Service ist, nimmt dagegen zuerst einmal den Kunden rezeptiv wahr. Er baut eine Beziehung auf und hört zu, was der Kunde sagt. Er versucht, zu **verstehen, was der Kunde wirklich möchte**. Und sucht dann aus seiner Liste von 20 oder mehr Nutzen-Argumenten das richtige heraus. Er weiß genau: Wenn ich zehn Nägel vor mir habe und versetze jedem einen Schlag, bekomme ich doch keinen Nagel wirklich ins Brett. Nehme ich dagegen einen einzigen Nagel und setze ihn an die richtige Stelle, kann ich ihn mit nur wenigen Schlägen fest verankern. So ist es auch im Service-Selling:

Finden Sie den wirksamsten Nutzen heraus. Also den Nutzen, der für Ihren Kunden der wichtigste ist. Und bringen Sie dann das Verkaufsgespräch auf den Punkt.

Auf genau diesen Punkt. Oft reicht dem Kunden ein einziger, kraftvoller, genau passender Satz. In seinen Worten, in seinen Bildern ihm seinen Nutzen schildern. Und dann schweigen können. Die Wirkung abwarten. Spüren, wie die Saat aufgeht. Und, wenn der Kunde wirklich will, mit ihm das Geschäft machen – anstatt ihn wieder in Unsicherheit zu versetzen, indem man sagt: „Überlegen Sie es sich doch noch einmal in Ruhe." Wenn es wirklich das passende Produkt ist und Sie den wirksamsten Punkt Ihres Gegenübers getroffen haben, dann möchte er jetzt auch sein Problem lösen, seine Leidenschaft ausleben, endlich seine Entscheidung treffen: von Ihnen kaufen.

Die zehn Todsünden im Service-Selling

Zum Abschluss noch eine Liste der zehn Todsünden im Service-Selling:

1. „Ja, aber …" – denken Sie daran: Druck erzeugt nur Gegendruck

2. Schachtelsätze

3. Phrasen

4. Fremdwörter

5. „Bei mir sein" – folgen Sie den Gedankengängen Ihrer Kunden

6. Den Kunden ins Unrecht setzen

7. Besser wissen oder sich erhöhen

8. Zu viel reden

9. Missionieren

10. Jammern

Fassen wir zusammen: Service-Seller sind immer ganz beim Kunden. Sie finden die Balance zwischen Nicht-Verkäufer und Hard-Seller. Sie schwätzen dem Kunden nichts auf, enthalten ihm aber auch nicht ihr Angebot vor. Sie wissen, dass Sie gut sind. Sie stellen fest, welche Trainings Ihr Kunde benötigt. Sie stellen Ihr Licht nicht unter den Scheffel, sondern bieten die passenden Trainings offen an. Aber Sie überlassen dem Kunden die Entscheidung, ob er die Trainings buchen will.

6   Der familiäre Erfolg als Trainer

Ein paar Worte zum Schluss: Jeder Trainer hat ein Recht auf sein persönliches und familiäres Privatleben. Wobei bei uns das Wort Familie nicht nur für den Lebensgefährten, die Kinder und Verwandte steht, sondern für alle seine privaten Beziehungen. Jeder Trainer, der erfolgreich werden möchte, **hat nicht nur das Recht, sondern auch die Pflicht, sich Zeit zu nehmen**. Zeit für sich. Zeit für seine persönlichen Vorlieben. Und Zeiten, in denen er seine privaten, familiären Beziehungen pflegt. Denn zu trainieren, bringt nicht nur Freude und Geld, sondern es kostet auch Kraft. Und wer davon lebt, selbst zu trainieren, ist die wichtigste Ressource in seinem Betrieb.

Wer sich nicht selbst schützt, sondern ausbeutet, kann nicht dauerhaft erfolgreich sein.

Denn irgendwann geht ihm die Kraft aus. Oder er verliert durch den Fokus auf das Trainingsgeschäft die Beziehung zu seiner Familie, seinen Freunden und Bekannten.

Trainer sein, heißt Grenzen setzen

Das macht es erforderlich, sich selbst Grenzen zu setzen. Ein Trainer muss lernen, nicht nur seinen Teilnehmern, sondern auch sich selbst Grenzen zu setzen. Ansonsten überrollt ihn der geschäftliche Erfolg. Das geht ganz schnell: Hier möchte ein Kunde noch ganz dringend ein Wochenendtraining, da wird noch ein Abendtermin eingefügt und noch ein Vorbereitungstermin und nur noch dieses Wochenende das neue Training vorbereitet, und unmerklich entfernt man sich mehr und mehr von seinem eigentlichen Kern.

Ein guter Trainer überlegt sich, wie viele Wochenenden er im Jahr trainieren kann und will, ohne dass er oder seine Familie darunter leiden. Ob und wie oft er abends trainieren möchte. Wie viele Tage er „auf der Straße" verbringen möchte und wie viele Hotelübernachtungen seine persönliche Obergrenze sind. Und setzt dann auch diese Grenzen durch. Gegenüber seinen Kunden und gegenüber der inneren Stimme seines kaufmännischen Gewissens, das sagt: „Das Training müssen wir noch mitnehmen, dann haben wir wieder ein paar Euro mehr im Kasten." Oder der innere Kaufmann spielt mit der Angst: „Wenn du das jetzt ablehnst, kommt der Kunde nie mehr auf dich zu!" Seien Sie gewiss: **In einer guten Kundenbeziehung können Sie auch Grenzen setzen.** Und oft wird ein Kunde erst dann respektvoll, wenn er lernt, dass er nicht alles mit Ihnen machen kann. Entscheidend ist der Respekt, den Sie ihm entgegenbringen. Und Ihre Einstellung. Wir empfehlen Ihnen das Motto: „Klar und fest in der Sache, aber herzlich auf der persönlichen Ebene."

Grenzen setzen muss ein Trainer aber auch sich selbst: Die Familie ist genauso wie die eigene Gesundheit ein Wert, den man oft erst zu schätzen weiß, wenn man sie verloren hat. Also gilt es, beides zu pflegen. Hierzu ein paar Anregungen:

Wenn man bei der Familie oder bei Freunden ist, dann wirklich. Das bedeutet: Ein gemeinsames Abendessen ist ein gemeinsames Abendessen ist ein gemeinsames Abendessen. Wenn Sie mit Ihrer Familie oder mit Freunden zu Abend essen, dann heißt es, auch mit Kopf, Bauch und Herz dabei zu sein. Unsere Empfehlung: Schalten Sie daheim Ihr Handy ab. Oder, wenn Sie privat weiterhin erreichbar sein möchten, kaufen Sie ein Zweithandy und trennen Sie Ihre Privat- von Ihren Geschäftsanrufen.

Kein Training ohne Auftrag

Ein Trainer kann seiner Familie, seinen Freunden und Bekannten sehr viel zur Verfügung stellen. Denn er weiß bei vielen Dingen und Verhaltensweisen, wie es richtig geht. Wie es besser funktioniert. Wie man besser spricht, richtig kommuniziert, mehr verkauft, kraftvoller führt und, und, und. Jeder Trainer hat seine persönliche Schatzkiste an Wissen und Erfahrung, die Tag für Tag wächst. Und die meisten Trainer sind mit Recht stolz auf ihre Schatzkiste. Für sie ist der Trainerberuf nicht nur irgendein Beruf, sondern eine Berufung. Ein Ruf, die eigene und die Persönlichkeit ihrer Mitmenschen zu entwickeln, die inneren Diamanten zu polieren und die persönlichen Stärken zum Aufblühen zu bringen.

Aber dabei gilt es auch, sein Gegenüber zu achten. Und zu respektieren, wenn der gerade nicht trainiert werden möchte. **Übertragen Sie als Trainer Ihr Training nicht ins Private.** Sehen Sie sich nicht als der Trainer der Familie, sondern als Familienmitglied. Sehen Sie sich nicht in Ihrem Freundeskreis als der Obertrainer, der mit erhobenem Zeigefinger alles besser weiß. Die Regel hierzu lautet: Kein Training ohne Auftrag. Denn nur dann, wenn Sie jemand beauftragt, will er es wirklich wissen – und wird Ihnen zuhören, Ihnen folgen und Ihre Leistung auch anerkennen und respektieren.

Es geht auch anders: **Führen Sie einfach durch Ihr Vorbild.** Durch Ihre Haltung, Ihre persönliche Einstellung. Durch eine Kultur der Anerkennung, des gegenseitigen Hebens, des Respekts und der Verantwortung. Und Sie werden feststellen, dass Sie plötzlich immer wieder gefragt werden: „Wie machst du das?" Und das ist der Moment, in dem Sie wieder einmal Ihr wertvolles Wissen als Trainer an wirklich interessierte Teilnehmer weitergeben dürfen.

Literaturverzeichnis

Caspary, Martina: LichtMit-Coaching: Herausfinden, was der Coachee wirklich will. in: Diethelm Boldt (Hrsg.): Erfolgsfaktor Mensch im Beruf (S. 67 – 80), Offenbach, Jünger Medien Verlag, 2011

Caspary, Martina: Service-Selling: Erfolgreiche Verkaufsgespräche für Nicht-Verkäufer. in: Diethelm Boldt, Petra Kahle (Hrsg.): Mehr Geschäftserfolg durch Dienstleister (S. 33 – 56), Tübingen, abc Buchverlag, 2010

Csikszentmihalyi, Mihaly: Flow: Das Geheimnis des Glücks. Stuttgart, Klett-Cotta, 2007

Ferry, Timothy: Die 4-Stunden-Woche. Berlin, Econ, 2008

Frank, Alexander: Die Bedeutung der „Haltung" in und für Trainings. Meister-Arbeit an der AfG Akademie für Geschäftserfolg, Tübingen, 2011

Gerber, Michael: Das Geheimnis erfolgreicher Firmen. Warum die meisten kleinen und mittleren Unternehmen nicht funktionieren und was Sie dagegen tun können. ACCORD Unternehmensentwicklungsgesellschaft, Januar, 2002

Gieschen, Gerhard: Crashkurs Honorargestaltung und Preisverhandlung. Berlin, Cornelsen 2011

Gieschen, Gerhard: Erfolgreicher Leben mit dem Freitags-Prinzip: In zwölf Stufen und 52 Schritten zu mehr Spaß und Erfolg in Beruf, Beziehung und Freizeit. Tübingen, abc Buchverlag, 2007

Gieschen, Gerhard: SOS Neukunden: Wie man Kunden gewinnt, ohne anrufen zu müssen. Tübingen, abc Buchverlag, 2008

Hamburger, Nadine: Glücklich als Trainer. Bonn, managerSeminare, 2009

Hamburger, Nadine: Was Deutschlands Trainer bewegt. Bonn, managerSeminare, 2008

Häuser, Jutta: Marketing für Trainer. Bonn, managerSeminare, 2003

Häuser, Jutta: Trainingseinkauf im Personalmanagement. Berlin, Cornelsen, 2012

Hey, Hans A. (Hrsg.): **Trainerkarriere.** 2. Auflage, Offenbach, Gabal 2005

Kiyosaki, Robert T.: Rich dad, poor dad. Was die Reichen ihren Kindern über Geld beibringen. München, Arkana TB, 2006

Kuch-Kuthe, Hilde und Kriegelstein, Susanne (Hrsg.): **Gründerpraxis. Wie Sie Ihre Firma sicher gründen, Kunden gewinnen und kraftvoll wachsen.** Tübingen, abc Buchverlag, 2009

Moser, Corinna: Der Preis ist heiß. Wie viel kann, darf, soll ein Trainer verdienten? in: managerSeminare, April 2009, S. 52 – 56

Olbert, Hans: Trainingsverträge – Beratungsverträge. Grundlagen der Vertragsgestaltung und Musterverträge. Bonn, managerSeminare, 2002

Schimkowski, Claudia: Das On-Stage-Konzept. Auf den Punkt gebracht. Meisterarbeit an der AfG Akademie für Geschäftserfolg, Tübingen, 2011

Stadt Stuttgart (Hrsg.): **Kreativ erfolgreich mit Innovation und Kooperation.** Tübingen, abc Buchverlag, 2011

Stichwortverzeichnis

Der Kompass
Für den Lernkreislauf

Dieser Trainerleitfaden wendet sich an Sie, wenn Sie als Fachmann/-frau Wissen und Kompetenzen in Seminaren und Schulungen vermitteln. Der Band fasst das Wesentliche zu Planung, Vorbereitung und Durchführung kompakt und sehr praxisnah zusammen. Schwerpunkt ist eine neue, aktivierende Art des Vermittelns jenseits trockener Vorträge und „Folienschlachten".

Mit CD-ROM

Anke Stockhausen

Trainerleitfaden
Bemerkenswert vermitteln

›TRAIN THE TRAINER‹

Cornelsen

Anke Stockhausen
Trainerleitfaden
176 Seiten, kartoniert, mit CD-ROM
ISBN 978-**3-589-23856-9**

Weitere Informationen zum Programm erhalten Sie im Buchhandel oder im Internet unter **www.cornelsen.de/berufskompetenz**

Cornelsen Verlag • 14328 Berlin
www.cornelsen.de